925
C. Degering, Hbg. d 14.6.1902

1781

Erich Staisch

Straßenbahn adieu

Ein Stück Hamburg verabschiedet sich

Hoffmann und Campe

Der Verfasser dankt allen Privatpersonen und Firmen für die bereitwillige Mithilfe, insbesondere der Geschäftsleitung der Hamburger Hochbahn Aktiengesellschaft.

CIP Kurztitelaufnahme der Deutschen Bibliothek

Staisch, Erich:
Straßenbahn adieu: e. Stück Hamburg verabschiedet sich / Erich Staisch. Mit e. Vorw. von Hans-Ulrich Klose. – 11.–15. Tsd. – Hamburg: Hoffmann und Campe, 1978.
ISBN 3-455-08900-3

Gesetzt aus der Century Expanded
Satzherstellung Alfred Utesch, Hamburg
Lithographie Alexander und Weinert, Hamburg
Druck Karl Neef GmbH + Co, Wittingen
Bindearbeiten Bercker, Kevelaer
Titelbild Idee Elisabeth Staisch, Wedel (Holst)
Realisierung Holger Riebesell, Hamburg
Layout Elisabeth Staisch, Wedel (Holst)
Reproarbeiten Hans Böhlke, Hamburg
Printed in Germany

Inhalt

Seite

Vorwort	6
Wie alles anfing	7
Die Pferdebahn kommt	23
Das fünfte Rad am Wagen	43
Die letzten Tage der Pferdeomnibusse	46
Die Pferdebahn im leichten Trab zur Endstation	55
Elektrisch geht's besser	61
Mit voller Kraft ins 20. Jahrhundert	91
Die große Vereinigung und was danach kam	108
Der zweite Weltkrieg und seine Auswirkungen	126
Die letzten großen Tage der Straßenbahn	148
Der Endstation entgegen	153
Anhang	
Hamburger Straßenbahnen, Linien und Daten	174

Vorwort

Verkehrsmittel üben eine seltsame Faszination auf uns aus, ob sie nun rollen, schwimmen oder fliegen. Ganz oben in der Publikumsgunst stehen Schienenfahrzeuge. Je älter sie sind, desto lieber mögen wir sie. Liegt es vielleicht daran, daß wir eine fauchende Dampflok, eine aufgeregt klingelnde Straßenbahn beinahe als eine Art Lebewesen betrachten? Es läßt sich jedenfalls nicht leugnen: Wir haben ein gefühlsbetontes Verhältnis zur Straßenbahn.

Doch Gefühl und Verstand geraten bisweilen in Widerstreit. Hin- und hergerissen zwischen Nostalgie und Kalkül verabschieden wir sie, die gute alte Straßenbahn. Über 80 Jahre lang hat sie zum Stadtbild Hamburgs gehört. Nun müssen wir ihr adieu sagen. Das fällt uns schwer. Doch wenn wir uns ehrlich den Argumenten der Vernunft stellen, müssen wir zugeben, daß es verkehrswirtschaftlich unumgänglich ist, nicht nur bei uns. In anderen Millionenstädten wie Paris, London, Berlin ist es genauso.

Mit der Straßenbahn geht ein Stück Verkehrsgeschichte zu Ende. Dem Autor und dem Verlag dieses Buches gebührt Dank dafür, daß sie der Straßenbahn ein ebenso anschauliches wie amüsantes Denkmal gesetzt haben. Sie hat es verdient.

Hans-Ulrich Klose
Erster Bürgermeister der
Freien und Hansestadt Hamburg

Wie alles anfing

Seit 1819 führt Hamburg den stolzen Namen »Freie und Hansestadt Hamburg«. Die schreckliche Franzosenzeit mit Besetzung, Zwangsarbeit und Vertreibung war vorüber. Als wenn sie sich von einer häßlichen Erinnerung lösen müßten, rissen die Hamburger die von den Franzosen im Jahre 1813 gebaute Elbbrücke wieder ein, nachdem der französische Marschall Davout am 30. Mai 1814 mit seinen Truppen Hamburg geräumt hatte. Ein Hauch des »Befreitseins« ging durch die Gassen der Stadt, wehte durch die wenigen Stadttore wie Steintor, Millerntor und Dammtor. Aus dem wirtschaftlichen Ruin begann langsam der Wiederaufbau und der Abbau der Festungswallanlagen.
In jener Zeit, in der in England Stephenson seine erste Lokomotive baute, das erste Dampfschiff *(Lady of the Lake)* 1816 im Hamburger Hafen festmachte, ein Raddampfer über den Köhlbrand fuhr (1818), fingen in Hamburg die Geburtswehen des öffentlichen Personennahverkehrs an.
Hamburg hatte ungefähr die räumliche Ausdehnung des heutigen Wallrings. Die Menschen wohnten damals in schmalen Gassen noch sehr eng zusammen. Grundsätzlich waren in den Kaufmannshäusern Lager, »Comptoir« und Wohnung unter einem Dach. Besorgungen, Marktbesuch oder die Wege zum Handwerker konnten ohne Mühe zu Fuß gemacht werden. Und

1813: Kosaken auf der Brücke Napoleons gen Hamburg [1]

die Verbindungen zum Umfeld? Wer in die Nachbarschaft wollte, so durch das Dammtor in die Dörfer Eimsbüttel oder Eppendorf, durch das Steintor nach Hamm, Horn, Barmbek oder Wandsbek, oder in das sehr geschäftige Altona durch das Millerntor, der hatte verschiedene Möglichkeiten – je nach Geldbeutel. Am billigsten mag wohl die Fahrt mit dem Bauernwagen gewesen sein, denn durch den großen Bedarf der Städter an ländlichen Erzeugnissen herrschte ein ständiges Hin und Her durch die Stadttore; und die leeren Wagen auf der Rückfahrt boten sich förmlich für eine Mitfahrt an. Das Reisen »per Anhalter« – natürlich für einen ausgehandelten Obulus – war durchaus üblich. Wohlhabende hingegen hielten sich ihre eigenen Kutschen.

1830: Blick von der Altmannshöhe (heute Altmannbrücke/Hauptbahnhof) auf Hamburgs älteste Durchgangsstraße = Steinstraße und auf den Schweinemarkt, an den noch heute ein Relief am Klöpperhaus/Kaufhof erinnert. [1]

Neben diesen »Bauernwagen« und »Privatkutschen« gab es in Hamburg eine nicht unbeträchtliche Anzahl von Mietkutschen. Bereits im 17. Jahrhundert versuchte der Rat der Stadt, die immer größer werdende Zahl der Mietkutschen durch hohe Steuerforderungen einzuschränken, wahrscheinlich mit nur mäßigem Erfolg, denn um 1700 hieß es: ». . . von der Vielzahl der Karossen waren die Gassen so eng, denn Hamburg hat zehnmal so viel Mietkutschen aufzuweisen, als es hundert Jahre vorher Privatfahrzeuge gab.«
So wird es verständlich, daß die engen Gassen für den anschwellenden Verkehr nicht mehr aufnahmefähig waren, zumal immer mehr Handwerker dazu übergingen, die Straße selbst als ihre Werkstatt zu betrachten. Da wurde bei gutem Wetter geschmiedet, gehobelt und gehandelt; Fische, Obst oder Gemüse mit erheblichem Platzaufwand feilgeboten. War also schon der »fließende« Verkehr stark behindert, wie sah es erst beim »ruhenden« Verkehr aus? Wo gab es den nötigen Parkplatz? Man fand eine außergewöhnliche Lösung: Der Kutschwagen verschwand mittels Winde im ersten Stock des Kaufmannshauses, die Pferde kamen in den Keller!

1886: Die Reimerstwiete (Edda Tesdorpf) [1]

Im Stuhlwagen unterwegs [1]

Trotz des Wirrwarrs kristallisierten sich zu Beginn des 19. Jahrhunderts eine Art Verkehrsordnung und ein Tarifschema heraus. So kostete eine Fahrt in der Mietkutsche innerhalb des Wallrings 12 Schillinge (ß); ein einspänniges Cabriolet war für 4 Mark den ganzen Nachmittag zu haben. Die Bauern verlangten für eine Fahrt vom Steintor nach Wandsbek oder Hamm 12 Schillinge (ß). Für sogenannte »Lustfahrten« über Land, für die man »Stuhlwagen« mieten konnte, mußte der Preis weiterhin ausgehandelt werden.

Ein »Linienverkehr«, eine feststehende Verbindung innerhalb der Stadt oder gar in die nähere Umgebung, war allerdings kurz nach der Franzosenzeit noch nicht vorhanden. Und in der Tat war der

Die »Punschbowle«, Sonderbauart einer Kutsche aus dem Jahr 1824 [1]

Bedarf der Hamburger, in die nördlichen und östlichen Flecken und Dörfer zu gelangen, nur gering und für einen Linienverkehr noch nicht reif.

Anders sah es im Westen der Stadt aus, wo vor dem Millerntor die Stadt Altona lag. Ihr *Nobistor* war gen Hamburg getreu ihrem Wappenbild weit geöffnet.

Für den Verkehr »zwischen den Toren«, also im Verlauf der heutigen Reeperbahn, erhielt Joachim Friedrich Wilhelm Rohlffs, ein Hamburger Branntweinbrenner, am 16. Juni 1819 einen Pachtkontrakt für die ersten regelmäßigen Fahrten zwischen Hamburg und Altona.

1830: Das Millerntor am Zeughausmarkt [1]

Der Fahrpreis betrug einen Schilling (ß) pro Person. Aber auch bei dieser Unternehmung ging es nicht ganz so zu wie nach dem Fahrplan im heutigen Sinne. Man mußte allgemein warten, bis sich genügend Fahrgäste angesammelt hatten, insgesamt sechs Personen. Wer eine »Extra-Tour« wünschte, mußte 6 Schillinge (ß) bezahlen. Diese Einrichtung, auch Sechslingspost genannt, verkehrte nur solange die Stadttore geöffnet waren. Nun gab es aber verschiedene Torsperrzeiten in Hamburg und Altona, und obwohl Hamburg seine Pforten früher schloß, durfte die Sechslingspost zwischen Hamburg und Altona pendeln, bis auch Altona sein Nobistor versperrte. Hamburgs erster öffentlicher Personennahverkehr blieb im wahrsten Sinne ante portas.

(Erklärungen zu den damals gebräuchlichen Münzeinheiten: Ein Reichsbanktaler hatte 1813 96 Reichsbankschillinge im Wert von 30 Schillingen Courant (ß). Zwei Reichsbanktaler bildeten einen Spezies. Im allgemeinen Verkehr wurde nach Courantgeld gerechnet, welches mit der Hamburger Währung übereinstimmte. Ein Couranttaler enthielt 3 Mark zu je 16 ß. Viel im Umlauf waren auch preußische Couranttaler, die zu 40 ß gewertet wurden.)

Übrigens konnte seinerzeit nur gegen Zahlung eines Sperrgeldes in die Stadt hinein, wer es nicht rechtzeitig vor der Torsperrzeit geschafft hatte. (In früheren Zeiten mußte man bis zum nächsten Morgen warten.) Sperrgeld zu zahlen war immer eine leidige Sache, und die Tricks, dieses wenigstens teilweise zu umgehen, waren mannigfaltig. Am beliebtesten war die Mitfahrt in einem Wagen. Ein Wagen hatte grundsätzlich die dreifache Taxe eines Fußgängers zu zahlen – gleichgültig, mit wie vielen Menschen er besetzt war. Verständlich, daß die Wagen bis zum Brechen vollgeladen durch das Tor fuhren. Als schließlich der Senat diesem Unwesen ein Ende bereitete, indem er die Wagentaxe auf das Achtzehnfache der Fußgänger festlegte, stiegen alle Passanten aus, zahlten den Fußgängertribut, und der Kutscher war nur für den leeren Wagen zu belangen. Rund 50 Jahre dauerte dieses »Spielchen«, bis endlich im Jahre 1860 die Torsperre aufgehoben wurde.

Die zwanziger und dreißiger Jahre des vergangenen Jahrhunderts waren ganz dazu angetan, den Verkehr in und um Hamburg zu verändern. »Durch die edle Tätigkeit der Baudeputation gingen vor allen Toren nach den verschiedensten Richtungen hin angelegte Fußpfade, Schattengänge, Pflanzungen, Fahrwege und Neuschöpfungen selbst da hervor, wo solche früher nicht bestanden.« Im Jahre 1827 wurde die Chaussee nach Wandsbek gepflastert, 1828–30 die nach Eppendorf und dem Alsterkrug, 1830 führte eine Chaussee nach Hamm und Horn, 1831 nach Eimsbüttel und 1836 nach Barmbek. Natürlich waren diese Straßen mit einer Art Wegezoll belegt, aber das störte die vielen Neugierigen nicht, die in Mietkutschen die Dörfer rund um Hamburg auskundschaften wollten.

Innerhalb der Stadt gab es ab 1824 auch eine Neuerung: Die Droschken kamen auf, eingeführt von John Andly. Es handelte sich um Fuhrwerke, die durch die Straßen fuhren und dabei nach Aufträgen suchten, oftmals stehenblieben oder sehr langsam fuhren. Der sowieso schon ins Stocken geratene innerstädtische Verkehr konnte dieses neue Verkehrsmittel nicht mehr verkraften, denn die Anzahl der Droschken stieg schnell. So kam es 1825 zur ersten Straßenverkehrsordnung in Hamburg, dem »Mandat, um die Sperrung der Gassen durch Fuhrwerke zu verhindern, sowie zur Regulierung des Fahrens der Droschken«. Darin wurde erstmals das Rechtsfahren und Linksüberholen angeordnet.

Um 1825: Stage-Coach »Brittannia« bis auf den letzten Platz besetzt [1]

Neben den frei mietbaren Kutschen (also heute vergleichbar mit *rent a car*) gab es nun in Hamburg die Droschken (heute vergleichbar mit den Taxen). Um eine größere Rentabilität bei Fahrten in die Umgebung zu erreichen, wurden auch größere und schwerere Kutschen eingesetzt mit einem reichlicheren Platzangebot im Inneren des Wagens und im Freien. Diese Wagen nannte man Englische Landkutsche oder auch Stage-Coaches. Sie mußten vierspännig gezogen werden.

Zudem entwickelte sich in jenen Tagen in Hamburg ein neuer Kundendienst für Ausflügler. Landgasthöfe schickten ihre eigenen Fahrzeuge in die Stadt, um ausgeh- und vergnügungsfreudige Bürger abzuholen. Es waren meistens bequeme, gedeckte Wagen, *Journalièren* genannt. Andere Lokale stellten Stuhlwagen für ihre Gäste zur Verfügung.

Alle diese Ereignisse, vom Chausseebau beginnend bis zu den vielfältigen Fahrtangeboten, bezeugen einen Wandlungsprozeß, der in jenen Tagen begann und der heute noch nicht abgeschlossen ist. Die Wohlhabenden konnten es sich bei der nun reichhaltigen Palette von Verkehrsmitteln leisten, in weiterer Entfernung ihrer Arbeitsstelle zu wohnen. So begann allmählich eine Trennung von Arbeitsplatz und Wohnung. Wer es sich nicht leisten konnte, vor den Toren der Stadt zu wohnen, hatte doch aber wenigstens das Bedürfnis, die neu entstandenen Verkehrsmittel zu Ausflügen zu benutzen, um die nähere Umgebung kennenzulernen.

In dieser Periode wurde das erste öffentliche Verkehrsmittel in Hamburg eingeführt, der Pferdeomnibus (*omnibus*, lat. = für alle), der mit festem Fahrplan und Fahrpreisen eine Verkehrsverbindung anbot, die vom Steintor zum Millerntor und von dort durch das Nobistor zur Stadtmitte von Altona reichte. Die Firma Basson & Co. nahm mit vier aus

Ein Hamburger Pferdeomnibus der frühen Jahre [1]

Um 1860: Pferdeomnibus in St. Georg vor dem Ausflugslokal »St. Georger Trichter« (heute Klockmannhaus). Links im Bild die heutige Kirchenallee mit der Kirche von St. Georg. [1]

England bezogenen gebrauchten Wagen am 31. Oktober 1839 den Betrieb auf. Der Siegeszug des Pferdeomnibusses begann. Mehr als 50 Jahre sollte er in Hamburg durch die Straßen rollen, die Linien vieler Unternehmer überspannten bald die Stadt und die Vororte. Die Firma Basson & Co. mischte fleißig mit – bei einer exakten Ahnenforschung kann sie als die Keimzelle der heutigen Firma Hamburger Hochbahn Aktiengesellschaft angesehen werden.

Der Geschäftswelt wurden die Pferdeomnibusse bald unentbehrlich, denn der Willkür der Droschkenkutscher war damit eine Schranke gesetzt worden. Nur die Damen fanden es nicht schicklich, im Omnibus zu fahren, so daß ihnen sogar in der Presse empfohlen wurde, dieses »Reichsstädterinnen eigene Vorurteil« abzulegen. In Paris wäre es schon lange üblich, daß adlige, vornehme Damen ihre Equipagen vor den Toren ließen und in der Stadt die Omnibusse benutzten.

Hamburg.

Was lange gewünscht worden und in allen großen Städten längst eingeführt und üblich ist, das wird bei uns Ende October d. J. in Erfüllung gehen, nämlich die so zweckmäßige Straßenfahrpost, genannt Omnibus. Die Droschkenkutscher werden dadurch etwas in ihrem Erwerbe beeinträchtigt, allein das Fortschreiten nützlicher Einrichtungen verlangt es. Die Omnibus fassen 13 Passagiere, und halten auf ihren Stationen, Steinthor und Palmaille, allemal nur eine Viertelstunde. Der Preis beim Einsteigen ist 4 Schilling, wofür man vom Steinthor bis an die Palmaille in Altona fahren kann; wer aussteigt, hat seine Reise für 4 Schilling vollendet, dies ist wohl zu merken. Betrunkene und in kurze Habits Gekleidete werden nicht eingelassen, Hunde und das Rauchen bleibt ebenfalls den Omnibussen fern. Kinder unter 4 Jahren, die aber keinen eigenen Platz einnehmen dürfen, sind frei. Der Conducteur befindet sich hinten am Wagen und der Kutscher darf die Pferde nicht verlassen. Das Gesetz verlangt von ihnen Aufrechthaltung der Ordnung und keine Trunkenheit. Sie fahren im Sommer Morgens um 7, und im Winter Morgens um 8 Uhr, von dem Standplatz am Steinthor, über Speersort, Bergstraße, Neuenwall, Steinweg, Millernthor, geradeaus bis zu der Palmaille. Abends wird das Innere des Wagens erhellt, und ist im Fall schlechten Wetters, wo alle Fenster vorgeschoben werden, ein Ventilator angebracht, durch welchen frische Luft hineinströmt. Die ganze Einrichtung ist musterhaft, möge es das Publicum dankbar anerkennen und darnach streben, daß Neid und Mißgunst sie nicht stören. Sämmtliche Wagen mit ihren Führern stehen unter Aufsicht der Polizei in Hamburg und Altona, und haben die Unternehmer deren Schutz stets zu gewärtigen.

Hamburg.

Am 31sten Octbr. fuhren zuerst die Omnibusse ihren angegebenen Cours; das Publicum fand sich recht zahlreich ein und jeder vernünftige Mann mußte gestehen, daß diese Einrichtung eine so zweckmäßige sey, wie wohl seit langer Zeit keine zum allgemeinen Besten ins Leben getreten. Hübsch und bequem sind die Wagen eingerichtet und der Preis von 4 Schill. à Person wahrlich so billig, daß man, um nach Altona zu gelangen, jetzt immer am billigsten davon kommt, wenn man dahin fährt; die ganze Tour, vom Altonaer Schauspielhause bis zum letzten Heller kostet somit jetzt nur 8 Schill. à Person, denn im Omnibus bis zum Berg 4 Schill., dann mit der Journalière nach Horn 4 Schill. Wer um 9 Uhr aus Altona fährt, kann um 10 Uhr die Journalière besteigen und um 11 Uhr in Horn seyn; zurück um 1 Uhr aus Horn, um 2 Uhr vom Schweinemarkt nach Altona u. s. w. Solche Bequemlichkeiten haben leider bis jetzt gefehlt und wünschen wir daher diesen Unternehmern recht viel Glück, damit diese schöne Einrichtung fortbestehe; mit der Zeit, wenn auch nur langsam, kommt Hamburg doch immer hinterher.

... und so berichteten die Hamburger Zeitungen über den Pferdeomnibus im Jahre 1839 [2]

UBasson & Co. konnte sein Unternehmen weiter ausdehnen, so etwa durch die Verbindungen nach Hamm und Horn. Die Linie nach Horn begann in der Hamburger Innenstadt im Ness, verlief durch die Große Reichenstraße über den Fischmarkt, die Domstraße, Speersort und Steinstraße, aus dem Steintor hinaus bis zum »Letzten Heller«. Der »Letzte Heller« war in der damaligen Zeit ein sehr beliebtes Gasthaus in Horn, in dessen Nähe im Jahre 1841 ein Tiergarten eröffnet wurde, der zahlreiche Neugierige anlockte.

In einem Pferdeomnibus der ersten Zeit fanden 12 Personen Platz. Für Raucher waren die vier vorderen Sitze auf dem Dach hinter dem Kutschersitz vorgesehen. Ab 1851 gab es auch ein Raucherabteil. Es befand sich vorn unter dem Kutschersitz, quer vor dem allgemeinen Abteil. Zwar besaß es einen eigenen Eingang, doch war der Einstieg etwas kompliziert. Man mußte über die Radnabe und das Rad in das Abteil hineinklettern. Das Aus- und Zusteigen war ein gern kritisierter Vorgang. Bekannt ist die Eingabe eines Fahrgastes aus jener Zeit, der sich darüber beklagte, daß man mitten auf der Straße aussteigen müsse und nur durch Schmutz watend trockenen Boden erreichen könne.

Modell eines Omnibusses aus dem Jahr 1839 [1]

Das Jahr 1842 wird in der Stadtchronik unauslöschlich bleiben. Der entsetzliche *Hamburger Brand* hatte die Stadt schwer getroffen. Große Teile der Innenstadt wurden eingeäschert, viele Straßen waren unpassierbar. Die Bassonschen Pferdeomnibusse leisteten hervorragende Erste Hilfe unter anderem durch die Evakuierung Kranker und der alten Bewohner des Gast- und Krankenhauses, einer vaterstädtischen Stiftung, die heute in Poppenbüttel weitergeführt wird.

Aber auch ein anderes bedeutendes Ereignis der Hansestadt trägt die Jahreszahl 1842. In jenem Jahr fuhr die erste Eisenbahn in Hamburg vom Deichtorplatz nach Bergedorf, das den beiden Hansestädten Hamburg und Lübeck ge-

Portal des ersten Bahnhofs in Hamburg (1842–46) mit Blick auf das Johanniskloster (heute Straße Klosterwall mit Hochhäusern) und auf die Altmannshöhe (siehe auch Seite 8) [2]

meinsam gehörte. Die vorzeitige Eröffnung dieser Bahn hängt mit dem Hamburger Brand zusammen. Vor dem festgelegten Termin der feierlichen Eröffnungsfahrt bewährte sich die Eisenbahn schon durch Transporte von Flüchtlingen und Obdachlosen aus der brennenden Stadt. Zwei Jahre später feierte man die Eisenbahnverbindung zwischen Altona und Kiel, und im Jahre 1846 fuhr die erste Eisenbahn von Hamburg nach Berlin.

Hatte die Eröffnung der Hamburg-Bergedorfer Eisenbahn im Mai 1842 noch gar keinen Einfluß auf die Linienführung oder gar die Fahrpläne der Omnibusse, so reagierte Basson im Jahre 1844 auf die neu eröffnete Eisenbahn Altona–Kiel sofort mit einem Extra-Omnibus ab Schweinemarkt zum Bahnhof Altona. Aber offenbar war die Zeit für einen solchen Zubringerverkehr noch nicht reif. Drei Monate später wurde er wegen Unrentabilität zurückgezogen.

Ein ungelöstes Problem für Jahrzehnte blieb die Beförderung der Reisenden vom Berliner Bahnhof in Hamburg zum Altonaer Bahnhof. Außerdem hatte die Direktion der Altona-Kieler Eisenbahn-Gesellschaft Interesse an Omnibusverbindungen für ihre Reisenden zu Hamburger Gasthöfen. Aber die Polizeibehörden beider Städte waren dagegen. Hamburg berief sich auf zu enge Straßen. Altona schlug vor, diese Fahrten der freien Konkurrenz zu überlassen. Dabei sollten die in Altona ankommenden Reisenden nur von Altonaer Wagen und die in Hamburg ankommenden Reisenden nur von Hamburger Wagen weiterbefördert werden. Hamburg lehnte abermals ab, ebenso den Vorschlag, Transitreisende die Stadttore ohne Sperrgeldabgabe passieren zu lassen.

Droschken am Berliner Bahnhof (1846–1903). Standort: heutiger Deichtormarkt. [2]

Bis zur Aufhebung der Torsperre im Jahre 1860 mußten also alle Reisenden die üblichen Sperrgelder bezahlen. Zeitgenossen, die in jenen Jahren in Altona ankamen und für die Fahrt nach Hamburg eine Droschke benutzen mußten, hatten das zweifelhafte Vergnügen, zwei Schillinge (ß) mehr zu bezahlen als für die gesamte Eisenbahnfahrt III. Klasse von Kiel nach Altona.

Die Kosten setzten sich wie folgt zusammen:

Droschke einschließlich Koffer	16 ß
Sperre beim Millerntor bis 10 Uhr	12 ß
halbe Sperre auf der Rückfahrt	6 ß
Sperre Altona-Nobistor	8 ß
	42 ß

Eine Fahrkarte III. Klasse von Kiel nach Altona kostete dagegen nur 40 Schillinge.

Um 1860: Der Bahnhof Altona an der Palmaille (heute Rathaus). Rechts im Bild ein Pferdeomnibus. [2]

Über den öffentlichen Personenverkehr der frühen Jahre in Hamburg liegen nur wenige Zahlen vor:
Im Jahre 1848 zählte Wandsbek 6000 Einwohner, Eppendorf dagegen nur 1200. Nach Wandsbek fuhr Basson täglich 14mal, während die Firma Burmester nach Eppendorf nur 7mal täglich fuhr. Um die Selbstkosten einzufahren, mußten auf einer Linie täglich mindestens 80 Fahrgäste befördert werden. Basson schaffte es in der Tat, daß auf seiner Linie täglich mindestens 90 Fahrgäste befördert werden konnten, während sein Konkurrent Burmester sich im Jahre 1850 darüber beklagte, daß der um 8.15 Uhr morgens von Eppendorf direkt zur Stadt abgehende Omnibus im Schnitt etwa nur 3 Personen täglich zählte.
Wie auch immer, der Pferdeomnibus drehte seine Runden durch Hamburg und in das nähere Umland und nach Altona hinein. Um 1860 wurden jährlich rund 136 000 Omnibusfahrten durchgeführt, wobei rund 40 % auf den Verkehr zwischen Hamburg und Altona entfielen.

Polizey-Bekanntmachung

wider das schnelle Fahren.

Da in neuerer Zeit wieder mehrere Unglücksfälle durch schnelles Fahren verursacht worden sind, so findet sich die unterzeichnete Behörde veranlaßt, die Verfügung des Mandates vom 28. November 1825 im §. 10 in Erinnerung zu bringen, nach welcher das schnelle Fahren der Wagen, besonders um die Ecken der Gassen, auf das schärfste untersagt ist und die Contravenienten nach dem Grade ihres Vergehens mit Geld- oder Leibesstrafen belegt werden sollen. Die Polizey-Officianten haben scharf auf etwanige Contraventionen zu vigiliren und selbige sofort anzuzeigen.

Hamburg, den 19. October 1841.

Die Polizey-Behörde.

Die Pferdebahn kommt

Die erste Pferdebahn in Hamburg war nicht zufällig entstanden und löste auch nicht sofort den Pferdeomnibus ab. Im Gegenteil, beide Systeme ergänzten einander und hatten genug zu tun, den Verkehr zu bewältigen.

Vieles hatte sich in der Periode nach Waterloo verändert. Auf fast allen Gebieten ist völliges Neuland betreten worden. Jede Aufzählung kann immer nur Andeutungen geben:

Das industrielle Zeitalter brach an. Entscheidend beeinflußt durch eine Reihe von Erfindungen in der Eisenerzverhüttung oder in der Textilbranche, explodierte die Produktion förmlich. Das Transportproblem, die Hauptsorge aller genialen Erfinder jener Zeit, war durch die Eisenbahn gelöst. Gab es auf unserer Erde im Jahre 1830 erst 381 km Eisenbahn, so waren es 1850 schon 38 000 km und 1860 148 000 km.

In Deutschland arbeiteten um 1850 noch die meisten Menschen in der Landwirtschaft. Aber danach begann allmählich und dann immer ungestümer der Zuzug von Arbeitskräften in die Städte, in denen Fabriken oder Werften entstanden. Die sogenannte Landflucht setzte ein. Hamburgs Aufstieg zum Welthafen begann schon in den zwanziger und dreißiger Jahren des vergangenen Jahrhunderts. Bald gab es keinen Teil der Erde mehr, wo Hamburger Schiffe nicht bekannt waren. Im Jahre 1856 fuhren 468 Schiffe unter Hamburger Flagge. Unternehmerische Kaufleute mit noch heute klangvollen Namen wie Ernst Merck, Godeffroy und Laeisz gründeten 1847 die *Hamburg-Amerikanische Packetfahrt Actien-Gesellschaft* (Hapag).

Die ersten Dampfkräne im Hamburger Hafen [1]

Auch der Verkehr in und um Hamburg veränderte sich. Im Jahre 1866 konnten erstmals Eisenbahnzüge durchgehend zwischen Kiel und Berlin verkehren, weil endlich die Hamburg-Altonaer Verbindungsbahn mit den Zwischenbahnhöfen Schulterblatt, Sternschanze und Dammtor fertiggestellt wurde.
Im gleichen Jahr zeigte sich der Aufschwung im Hamburger Hafen durch den Bau der ersten Kaianlage am Sandthor. (Bis dahin ankerten die Schiffe am Duckdalben befestigt im Strom und wurden über Schuten be- und entladen.) Aber es ging noch einen Schritt weiter. Der Sandthorquai erhielt sofort (1866) einen Gleisanschluß zum Berliner Bahnhof. So weitsichtig waren die Hafenplaner damals, an ihrer Spitze Wasserbaudirektor Johannes Dalmann.
In diese Zeit des ungestümen Wachstums Hamburgs fiel die Eröffnung der ersten Pferdebahn. In den großen Städten der Vereinigten Staaten, in England und in Frankreich war die Pferdebahn bereits bekannt und ihr Vorteil erwiesen: Ein Pferd konnte auf einer Schienenbahn eine elfmal größere Last transportieren als auf einer gewöhnlichen Straße.
Pionier der neuen Hamburger Pferdebahn auf Schienen war der dänische Civil- und Marine-Ingenieur A. F. Moller. Nachdem ihm die Anlage einer solchen Bahn in Kopenhagen konzessioniert worden war, beabsichtigte er, auch in Hamburg eine Pferdebahn auf Schienen zu bauen. Mollers erstes Gesuch an den Hamburger Senat datiert vom Jahre 1861. Moller wollte sogleich mehrere Linien auf einmal mit einer 50 Jahre laufenden Konzession bauen. Doch der Hamburger Senat forderte zunächst Gutachten aus Kopenhagen und aus New York an. Zwischenzeitlich, im Jahre 1862, veröffentlichte Moller eine Broschüre, in der zu lesen war, daß »die Passagiere mit nur einem Schritt in den Straßenbahnwagen gelangen können, der einem Salon auf vier Rädern gleicht«. Die hamburgischen Stadtväter handelten nach dem Motto »gut Ding will Weile haben«. Nach drei Jahren war es soweit: Am 28. September 1864 wurde auf Befehl des Hohen Senats ein Gesetz »betreffend die Pferde-Eisenbahnen auf Hamburgischem Gebiet« veröffentlicht. Artikel 8 des Gesetzes räumte den Pferdebahnen absolute Vorfahrt ein: »Die Benutzung der Schienen bleibt den von dem Concessions-Inhaber in Fahrt gesetzten Wagen ausschließlich vorbehalten, das Befahren des Raumes zwischen den Schienen, die Kreuzung der Schienen ist sonstigem Fuhrwerk gestattet, es

haben jedoch alle Wagenführer, Reiter und Fußgänger den auf den Eisenbahnschienen sich bewegenden Wagen auszuweichen oder deren Vorüberfahren abzuwarten.«

Nach der Gründung der *Pferde-Eisenbahn-Gesellschaft in Hamburg* und nachdem die Regierung Holsteins die Konzession für Wandsbeker Gebiet erteilt hatte, erhielten endlich Moller und der Hamburger Wagenbauer Lauenstein, der bereits die Personenwagen für die Hamburg-Bergedorfer Eisenbahn bauen durfte, eine Konzession auf 20 Jahre. Die

Die erste Hamburger Pferdebahn [2]

Wartender Wagen der Wandsbeker Pferdebahn vor der Hamburger Börse [1]

Spurweite hatte der der Hamburg-Bergedorfer Eisenbahn, also der Normalspur von 1435 mm, zu entsprechen.
Im Betriebshof Wendemuth wurden Stallungen für 145 Pferde und Wagenschuppen errichtet. Die Firma Lauenstein lieferte Mitte Mai 1866 die ersten Wagen. Sie waren rot lackiert und wirkten durch reiche Goldverzierung sehr geschmackvoll und viel eleganter – wie es hieß – als die damaligen Pferdeomnibusse. Die Wagen waren zweistöckig und boten insgesamt 56 Personen Platz. Die Deckplätze, also das Obergeschoß, waren für weibliche Personen verboten.
Die Pferde wurden nicht gekauft, son-

dern von einem Hamburger Händler gemietet, zunächst 70 normannische Schimmelhengste. Später kamen noch belgische Rappen sowie mecklenburgische Braune und Füchse hinzu. In wenigen Monaten wurden die Schienen für die damals eingleisige Strecke zwischen Rathausmarkt und Wandsbek Zollamt gelegt – insgesamt 33 707 Fuß, also 10 579 m. Die Trasse führte vom Rathausmarkt über Hermannstraße, Ferdinandstraße, Glockengießerwall, Steintordamm, Steindamm, Lübecker Tor, Wandsbeker Chaussee. Zum Probieren und Einfahren des Personals und der Pferde wurde die Strecke ab Juli 1866 regelmäßig bedient. »Anständig gekleidete Personen« konnten bis zur Eröffnung kostenlos mitfahren.

Am Sonntag, dem 11. August 1866, wurde nachmittags eine Probefahrt für Behörden, Aktionäre und zahlreiche Gäste veranstaltet. Mit acht Wagen starteten sie vom Rathausmarkt, der erste Wagen mit vier Schimmelhengsten bespannt. Die Hamburger Zeitung *Reform* schrieb dazu: »Nur langsam ging es durch die Stadt, denn gewaltige Menschenmassen ließen der Bahn nur wenig Platz. Erst in St. Georg konnten die Pferde in frischen Trab gesetzt werden und die Fahrtteilnehmer in den vollen Genuß der neuartigen Beförderung kommen. Eine Ehrenpforte in Wandsbek trug die Inschrift: Es lebe der Fortschritt. – In Wendemuth wurden bei Wandsbeker Puffer und verschiedenen Weinen Trinksprüche auf die glückliche Zukunft des Unternehmens gewechselt.«

Am 16. August 1866 waren 16 Wagen für den Start des öffentlichen Verkehrs bereit. Sie fuhren alle 12 Minuten von 7 Uhr morgens bis 11.42 Uhr abends. Am Eröffnungstag zählte man 5400 Fahrgäste, am Sonntag, dem 19. August, sogar 8379. Um dem Andrang des Publikums Herr zu werden, standen auf dem Rathausmarkt vier Polizei-Offizianten und ein Polizeiwächter im Einsatz. Besonders erfreut waren die Wandsbeker Wirte, die das Geschäft ihres Lebens machten.

Die Wandsbeker Bahn beförderte im ersten Jahr ihres Bestehens 1 203 437 Personen. Der Überschuß von 11 814 Talern diente der Abschreibung. 1870 wurde erstmalig eine Dividende von 2 % gezahlt, 1871 bereits 4 %.

Der Eröffnung der Wandsbeker Linie folgte am 8. Juni 1867 eine Zweigbahn nach Barmbek. Sie wurde aus der Stammstrecke Hamburg–Wandsbek beim Mühlendamm ausgefädelt und führte über Kuhmühle, Schürbeker Straße, Hamburger Straße und Am Markt bis zum Osterbek. Bei Klein-Schürbek, auf dem Platz des heutigen U-Bahnhofs Mundsburg, entstanden Stallungen und Remisen für diese Bahn. Im Gegensatz zu den Wagen der Wandsbeker Linie, die rot lackiert waren, erhielten die Wagen der Barmbeker Linie zur besseren Orientierung die grüne Farbe. Der Konzessionsinhaber der Pferdeomnibuslinie nach Barmbek sah sich nach dem Auftreten der Pferdebahn hoffnungslos an die Wand gedrückt. Er war klug genug, sofort sein gesamtes Inventar zu verkaufen, und übernahm anschließend das Uhlenhorster Fährhaus.

Die dritte konzessionierte Linie, die Eimsbütteler, wurde am 5. September 1868 eröffnet. Lange Verhandlungen über den Endpunkt dieser Bahn im Inneren der Stadt Hamburg hatten die Inbetriebnahme sehr verzögert. Die *Pferde-Eisenbahn-Gesellschaft* zeigte keine Neigung, die Bahn in der Dammtorstraße in der Nähe des Stadttheaters beginnen zu lassen, sondern schlug den Gänsemarkt vor. Das wiederum lehnte die Polizeibehörde wegen des regen Verkehrs in dem engen Teil der Dammtorstraße zwischen dem Gänsemarkt und dem Stadttheater ab. Schließlich einigte man sich auf den Rathausmarkt, von wo die Bahn im Zuge der bestehenden Linien durch die Hermann- und Ferdinandstraße und dann über die Lombardsbrükke, durch die Esplanade, den Dammtordamm, die Grindelallee, Schlump, Schäferkamps- und Fruchtallee bis zum Eimsbütteler Marktplatz geführt wurde. In Eimsbüttel endete die Bahn auf dem Marktplatz am Ende des dortigen Teichs, wo man für die Stallungen und Remisen ein Grundstück aufkaufte. Als äußeres Erkennungszeichen waren die Wagen der Eimsbütteler Linie im Brauntton gehalten. Zur besseren Orientierung der Fahrgäste ließ die *Pferde-Eisenbahn-Gesellschaft* auf dem Rathausmarkt eine kleine Säule errichten, an der erstmals gedruckte Fahrplantabellen aushingen. Ein Jahr später stand hier schon ein Warte-Pavillon. Weitere Wartehäuschen folgten an den Haupt-Zusteigestellen. Und nicht lange danach erblickten die erstaunten Bürger an den Pavillons große Uhren, eine Versinnbildlichung des Fortschritts nach dem Motto, daß Zeit Geld ist.

Bahnhof Wendemuth mit doppelgeschossigem Pferdebahnwagen [2]

NETZ DER PFERDEBAHNEN UND OMNIBUSSE UM 1866

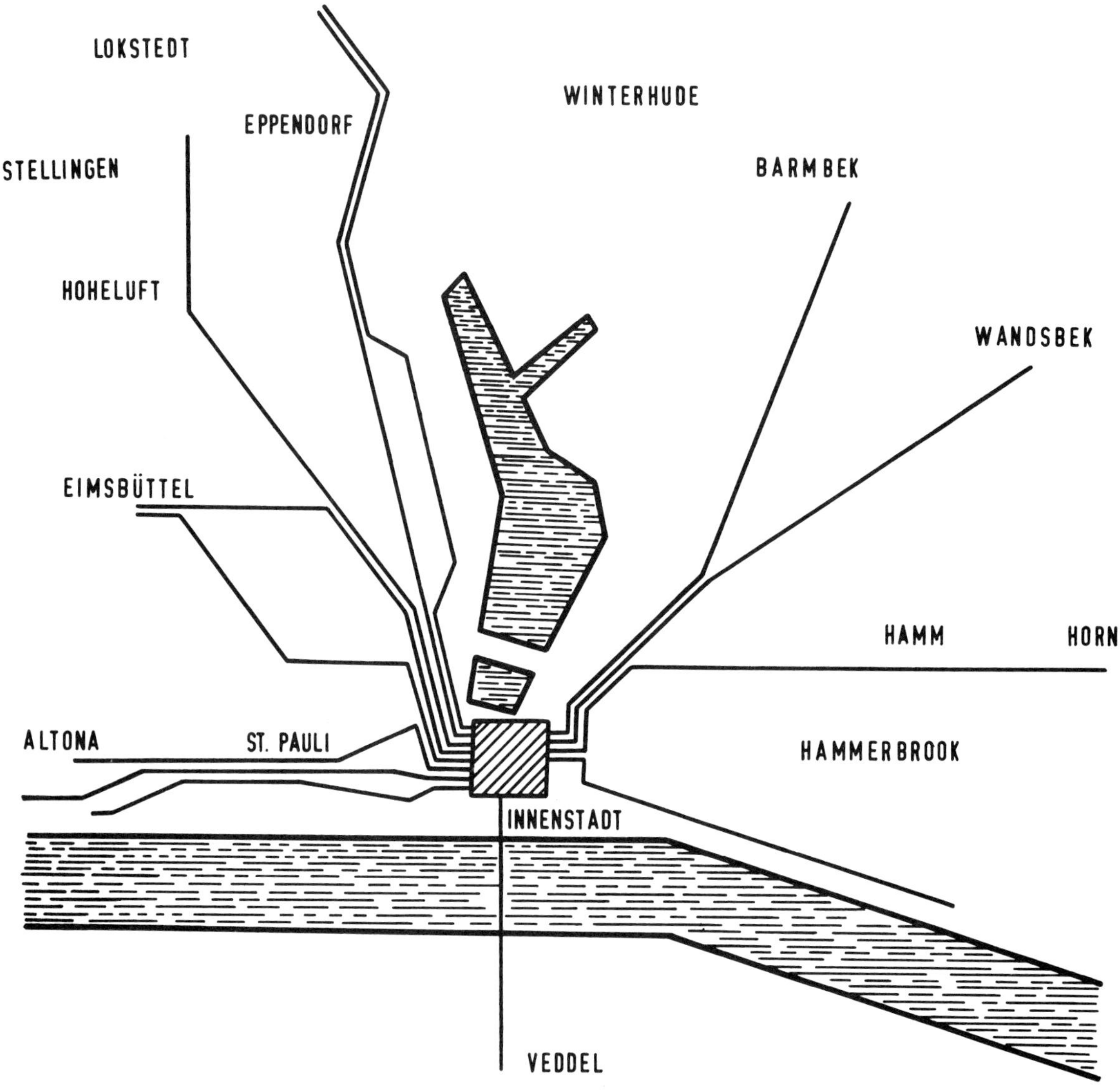

In der Tat folgte die Jagd um die Zeit sehr schnell. Nach dem zweigleisigen Ausbau der Wandsbeker Strecke im Jahre 1874 wurde zusätzlich ein Eilwagen zwischen dem Hotel »Marienthal« und dem Rathausmarkt eingeführt. Er fuhr zwar nur zwei Minuten schneller, statt 46 nur 44 Minuten, aber trotzdem galt der Eilwagen als modische Erscheinung für alle, die es damals eilig hatten.

Der zweispännige Eilwagen Hamburg – Wandsbek mit Zwischenhalt Lübscher Baum [1]

Fahrpläne und Tarife

der

Pferde-Eisenbahnen

zu

Hamburg.

(Preis 2 ß.)

Hamburg. August 1871.

I. Linie Wandsbeck.

Die Wagen dieser Linie sind **hellroth** (Zinnober). Des Abends tragen dieselben vorn **2 weisse Signallaternen**; außerdem sind dieselben Abends an den **hellrothen Lichtrosetten** in den Endwänden zu erkennen.

Fahrplan.

a. Vom 1. April bis 31. October.

Von Hamburg (Rathhausmarkt) von Morgens 8 Uhr bis Abends 11 Uhr (an Werktagen, mit Ausnahme der Tour 10 Uhr 48 Minuten Abends) jede 12 Minuten.

Von Wandsbeck (Zolllinie) von Morgens 7 Uhr 12 Minut. bis Abends 10 Uhr jede 12 Minuten, z. B. 7 Uhr 12 M., 7 U. 24 M., 7 U. 36 M., 7 U. 48 M., 8 U. u. s. w.; **jedoch mit Ausnahme der Touren** 8 U. 36 M., 9 U., 10 U, 12 U. Vormittags und 2 U., 2 U. 24 M., 4 U. 36 M., 6 U, 6 U. 12 M., 7 U. 12 M., 9 Uhr Nachmittags, welche theils vom Bahnhof, theils von Jüthorn abfahren.

b. Vom 1. November bis 31. März.

Von Hamburg (Rathhausmarkt) von Morgens 8 U. 48 M. bis Abends 11 Uhr jede 12 **Minuten.** (An Werktagen fällt die Tour 10 U. 48 M. **Abds. fort.)**

Von Wandsbeck (Station Wendemuth) **von Morgens** 8 U. bis Abends 10 U., mit **Ausnahme der umstehend** verzeichneten Touren, jede 12 Minuten.

Dauer der Fahrt

von Hamburg	bis	Weiche	Steinthor	9	Minuten
„	„	„	Lübeckerthor ..	15	„
„	„	„	Lübschenbaum	21	„
„	„	„	Endstation Wandsbeck	42	„
„ Wandsbeck	„	Weiche	Sandkrug ...	15	„
„	„	„	Lübschenbaum	21	„
„	„	„	Lübeckerthor .	27	„
„	„	„	Rathhausmarkt. ...	42	„

Fahrplan

zwischen Hamburg und dem Bahnhof der Lübeck-Hamburger Eisenbahn zu Wandsbeck, event. Ecke der Schloß- u. Rennbahnstraße.

Von Hamburg *9 U., *11 U. Vormittags, 1 U. *3 U. 36 M., 5 U., 6 U. 12 M., *8 U., 9 U. 24 M. **Nachmittags.**

Vom Bahnhof zu Wandsbeck (event. Ecke der Schloßstraße) *9 U., 10 U., *12 U., Vormittags, 2 U., 4 U. 36 M., *6 U., *7 U. 12 M., 9 U. Nachmittags.

Die mit * bezeichneten Touren fahren ganz von und bis Bahnhof Wandsbeck und correspondiren mit den Eisenbahnzügen.

Fahrplan

zwischen Hamburg und Groß-Jüthorn.

Von Hamburg Nachmittags **3 U. 24 M.,** 5 U. 12 M. und 10 U. 24 M.

Von Groß-Jüthorn 8 U. 29 M. Morgens, 4 U. 16 M., und 6 U. 4 M. Nachmittags.

Die Jüthorner Wagen tragen mit **„Jüthorn“** beschriebene Namenbretter und des Abends außer diesen, in derselben Höhe an den Langseiten, kleine **roth** scheinende Laternen.

Tarif

Von Hamburg nach Wandsbeck (event. Weiche Göthestraße) und zurück für Erwachsene à Person 3 ß
für Kinder unter 12 Jah. 2 ß
Von Hamburg nach Lübschenbaum od. zurück à Pers. 2 ß
„ Lübschenbaum nach Wandsbeck „ „ „ 2 ß
„ Hamburg nach Jüthorn oder zurück
Im Innern des Wagens für Erwachsene ... 4 ß
„ „ „ Kinder unter 12 J. 3 ß
Perron und Deckplätze „ Erwachsene ..... 3 ß
„ Kinder unter 12 J. 2 ß

Preise der Abonnements-Billette.

à 2 ß......	20	Stück	Pr. ℳ	1. —.
à 3 ß......	16	„	„	1. —.
à 4 ß......	12	„	„	1. —.

Überhaupt ist die Verbindung Hamburg–Wandsbek zur Teststrecke im Wettbewerb um die Zeit und die Wirtschaftlichkeit geworden. Die Pferdebahn war nur der Beginn einer Eskalation, der Eilwagen nur eine kleine Sprosse. Während der normale Pferdebahnbetrieb zwischen Wandsbek-Marktplatz und Groß-Jüthorn noch bis zum 27. Dezember 1922 (!) unangetastet blieb, bahnte sich andererseits der Fortschritt unaufhaltsam seinen Weg.

№ 56. den 28. Juni 1872.

Verbot

der Ueberfüllung der Wagen der Pferde-Eisenbahnen.

Da von vielen Seiten bei der unterzeichneten Behörde darüber Klage erhoben wird, daß die Wagen der Pferde-Eisenbahnen zwischen hier, Wandsbeck, Barmbeck und Eimsbüttel auf eine ganz unstatthafte, dem Publikum Gefahr bringende Weise überfüllt werden, wird hiermit die bereits früher erlassene polizeiliche Verfügung erneuert, daß in den Wagen nach Wandsbeck und Barmbeck nicht mehr als: im Innern derselben **18**, in den nach Eimsbüttel **20**, auf den Deckplätzen **18**, hinten bei dem Conducteur **7** und vorn bei dem Kutscher **3** Personen aufzunehmen sind, sowie daß die Deckplätze durchaus nicht von weiblichen Personen benutzt werden dürfen.

Den Conducteuren wird bei Geldstrafe eventuell Haft die genaue Befolgung dieser Verfügung zur Pflicht gemacht und das Publikum ersucht, den Anordnungen derselben willig Folge zu leisten.

Die Polizei-Angestellten sind angewiesen, strenge auf die Aufrechthaltung dieser Verfügungen zu achten und etwaige Contravenienten zum Zweck der Bestrafung zur Anzeige zu bringen.

Hamburg, den 28. Juni 1872.

Die Polizei-Behörde.

Des Pferdebahn=Conducteurs Klage.

Was fang' ich armer Teufel an,
Wenn er gefüllt, mein Wagen!
Nehm' ich noch *mehr* Personen dann,
So packt mich schnell beim Kragen
Die hochverehrte *Polizei*,
Und straft mich um der Thaler zwei —
O Jerum!

Doch laß' ich Niemand mehr hinein,
Was winkt mir dann am Ende?
Geschmälert würde dadurch sein
Dereinst die *Dividende*!
D'rum grollet mir ob solcher That
Der löbliche *Verwaltungsrath* —
O Jerum!

Die Pferdebahn Wandsbek-Marktplatz – Jüthorn, eingestellt am 27. Dezember 1922 (Aufnahme aus dem Jahr 1889) [3]

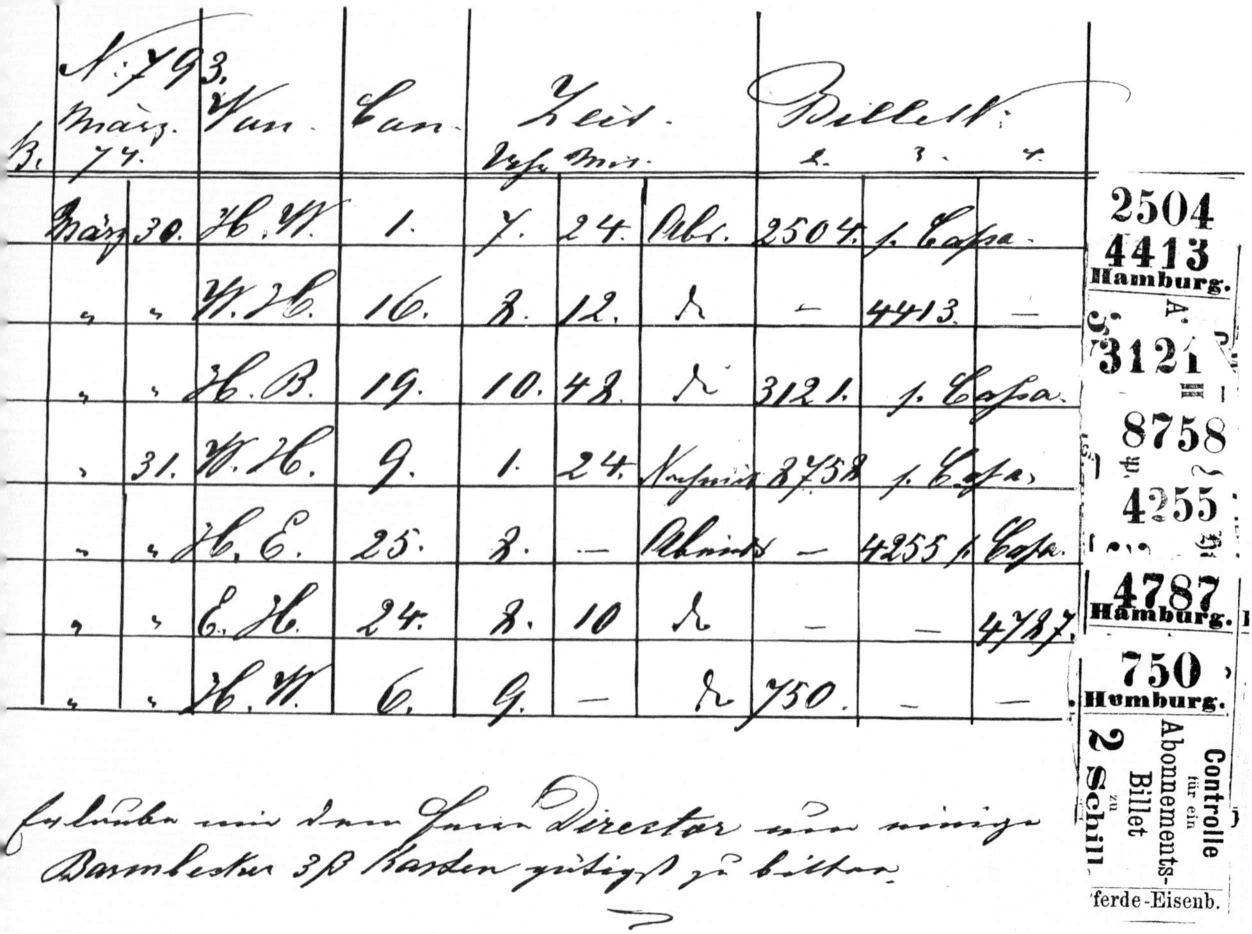

Abrechnungsbogen eines Pferdebahnschaffners aus dem Jahr 1874 [3]

Die Unterhaltung von 388 Pferden wurde der *Pferde-Eisenbahn-Gesellschaft* in den siebziger Jahren auf die Dauer zu teuer.

Demgegenüber brachte – wie den Geschäftsberichten zu entnehmen ist – der Verkauf von Pferdedung keine lohnenden Einnahmen. Die Fahrgastzahlen allerdings waren mehr als zufriedenstellend.

Dampfwagen von Samuelsen, Probefahrt am 4. November 1877 [1]

Die günstige Entwicklung des Wandsbek–Hamburger Verkehrs ließ nach neuen Wegen suchen, um den Massenverkehr leichter bewältigen zu können, als der Pferdebetrieb es vermochte. Nach dem damaligen Stand der Technik kam nur der Dampfbetrieb in Frage. So wurden von 1873 bis 1877 mehrere Versuche unternommen, namentlich mit einem in der Grumsschen Wagenfabrik (ehemals Lauenstein) erbauten Dampfwagen, System Samuelson. Dieser Wagen war halb Maschine, halb Personenwagen und faßte 26 Personen; die Tests

blieben jedoch in den Ansätzen stecken. Nachdem aber nun einmal die »Dampf-Idee« aufgegriffen war, gab man sie nicht wieder auf und stellte weitere und umfangreichere Versuche mit Vorspannlokomotiven an, die von Kitson in Leith, von Krauss & Co. in München und von der schweizerischen Lokomotivfabrik Winterthur bezogen wurden. Die Vorführungen fielen zur allgemeinen Zufriedenheit aus, und man entschied sich zunächst für zwei Maschinen der schweizerischen Fabrik Winterthur.
Im September 1879 wurde die allgemeine Genehmigung zur Einführung des Dampfbetriebs erteilt. Die Zahl der Lokomotiven wurde bald auf sechs erhöht. Die Züge bestanden aus der Maschine und ein bis zwei Personenwagen, die zum Teil mit Decksitzen versehen waren. Pferdebahn und Pferdeomnibus wurden dadurch nicht verdrängt. Diese neuen Dampfzüge bereicherten die Palette der Hamburger Verkehrsmittel. Ein neuer Abschnitt in der Hamburger Verkehrsgeschichte begann, der bis zum 22. Juni 1897 andauern sollte; dann ging der Dampf im innerstädtischen Straßenverkehr aus.

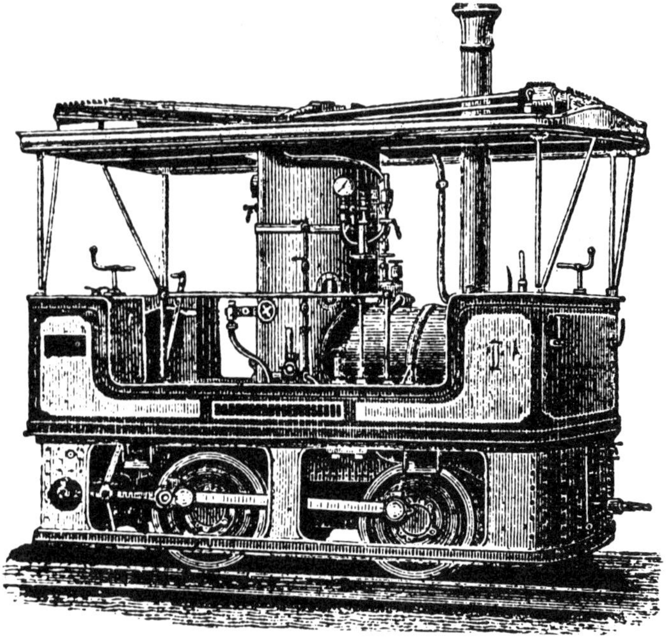

Eine Straßenlokomotive von Winterthur (Prototyp) [8]

40 Hamburger Version der Dampflokomotive für Straßenbahnen von Winterthur [1]

Dampfstraßenbahn unterwegs nach Wandsbek [1]

Herrn Oberingenieur F. A. Meyer gewidmet

Herr laß Dir gefallen dieses kleine Haus!

Größ're kann man bauen, mehr kommt nicht heraus!

Pavillon der Hamburg-Altonaer Pferdebahn-Gesellschaft in Hamburg

A. D. Entworfen von Zimmermeister Heinrich Voss in Altona 1881.

Das fünfte Rad am Wagen

Es ist bemerkenswert, daß die ersten Pferdebahnen vom Rathausmarkt in Richtung Wandsbek, Barmbek, Eimsbüttel, Hoheluft und Hamm fuhren, nicht dagegen in das lukrative Geschäft mit Altona einstiegen. Warum wohl?

Es waren zunächst die engen Straßen, die eine Pferdebahn nicht zuließen. Zum anderen hieß es, die etwas stärkeren Steigungen der dortigen Straßen seien dafür ungeeignet. Da kam die Idee des Berliner Ingenieurs Büsing im Jahre 1875 wie gerufen, der schon seit 1865 eine Pferdebahn in Berlin betrieb. Als er von den Problemen der Hamburger hörte, schlug er den Wagen mit den fünf Rädern vor. Es handelte sich um Pferdebahnwagen, die im Bedarfsfall durch Verwendung eines »fünften Rades« die Gleise verlassen konnten. Dieses »Auslenk-Prinzip« gab es auch schon in Kopenhagen. Der Kopenhagener Ingenieur Keiffler wollte ebenfalls die Hamburger Verkehrsprobleme lösen helfen. Er sah zweispännige Wagen vor, deren Räder keinen Spurkranz hatten, aber auf einem Rillengleis laufen sollten. Ein fünftes Rad, starr mit dem Wagen verbunden, war das Leitrad. Es lief in der rechten Schiene vor dem Vorderrad und hielt so das Fahrzeug in der Spur. Der Kutscher konnte bei Bedarf dieses fünfte Rad hochheben, wodurch der Wagen seine Spur verlor und unbehindert das Gleis verlassen konnte, um auf dem Straßenpflaster weiterzufahren. Im Jahre 1876 erteilte man Keiffler die Genehmigung zum Bau dieser neuen Art von Pferdebahn. Eigens dafür wurde im November 1876 die *Hamburg-Altonaer Pferdebahn-Gesellschaft* gegründet. Ihre Linie ging vom Rathaus Hamburg über den Alten Wall (rückkehrend über den Großen Burstah), Graskeller, den Alten Steinweg, von da über den Zeughausmarkt, Millerntor über die Reeperbahn zur Endstation am Bahnhof Altona (an der Stelle des heutigen Rathauses Altona), abwechselnd über Große Bergstraße und Königstraße. Der Betrieb der *Hamburg-Altonaer Pferdebahn-Gesellschaft* konnte am 15. April 1878 eröffnet werden.

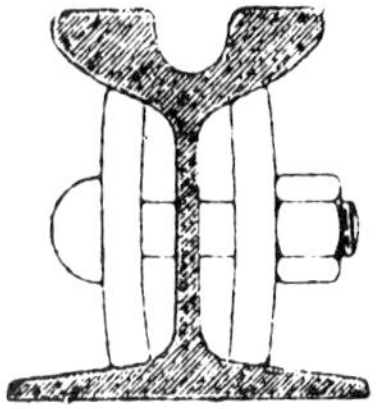

Doppelkopf-Phönix-Schiene für auslenkbare Wagen seit ca. 1890. Bis 1880 gab es für Straßenbahnen (Pferdebahn) nur Flachschienen verschiedener Systeme auf hölzernen Langschwellen, teils ohne hölzerne Querschwellen. Seit 1880 wurden ausschließlich ganz aus Stahl bestehende Oberbau-Systeme ohne jegliche Querschwellen verlegt (siehe auch Seite 63).

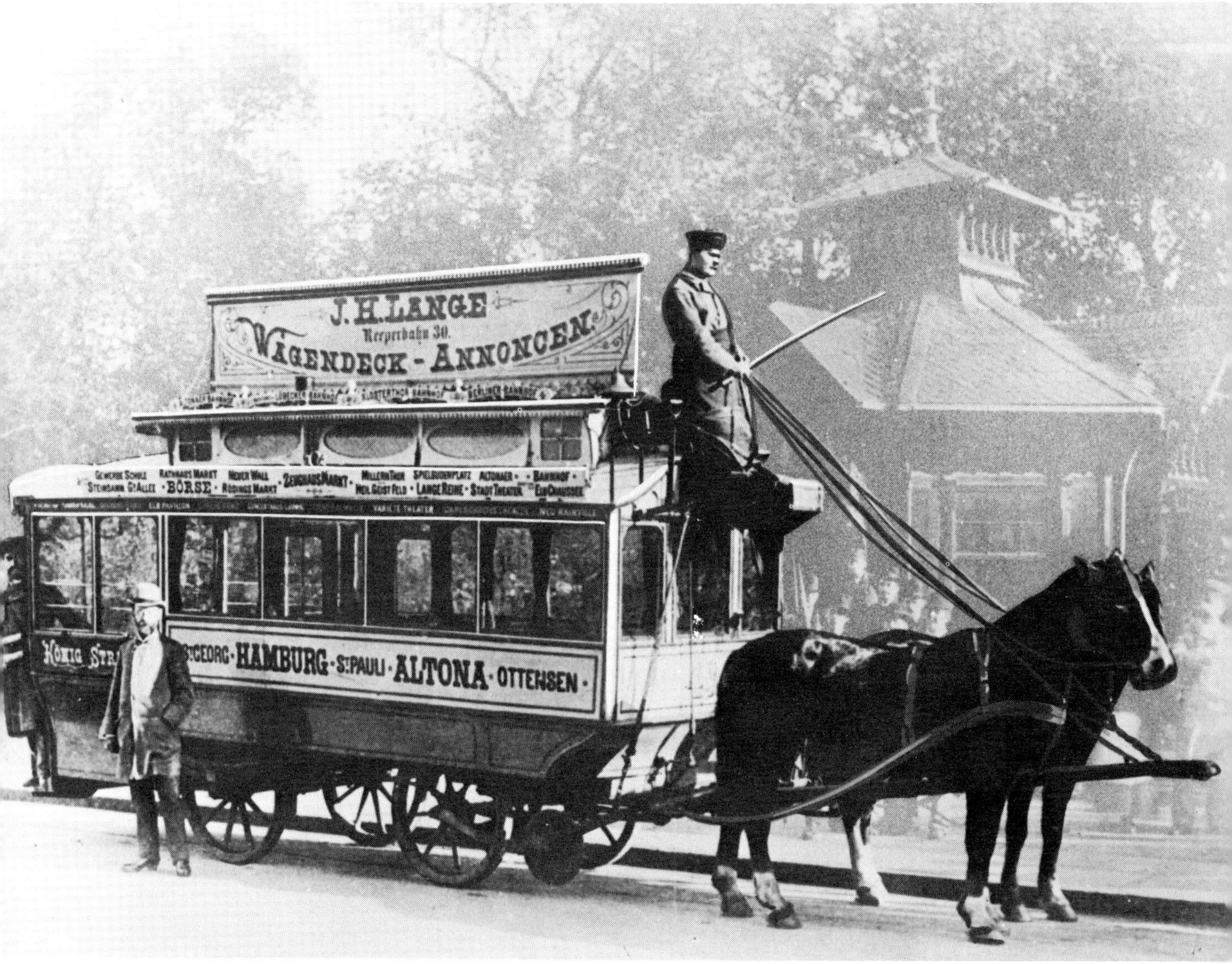

44 Fünfrädriger auslenkbarer Pferdeomnibus der Hamburg-Altonaer Pferdebahn-Gesellschaft [1]

Die Hamburg-Altonaer Pferdebahn (Fünfradwagen) in der Steinstraße beim Schweinemarkt. Rechts angeschnitten die Badeanstalt, heute Parkhaus von Horten, im Hintergrund die Jacobikirche. [1]

Die letzten Tage der Pferdeomnibusse

Anfangs gab es nur die Pferdebus-Unternehmung der Firma Basson & Co., im Laufe der späteren Jahre umgewandelt in die Firmenbezeichnung *Basson'sche Omnibus-Aktiengesellschaft*(B.O.A.G.). Im Laufe der nächsten Jahre und Jahrzehnte entstand eine ganze Anzahl von Pferdeomnibus-Gesellschaften, die – namentlich nach dem Aufkommen der Pferdebahn – früher oder später wieder eingingen oder mit anderen Gesellschaften fusionierten. Eine der wohl populärsten Unternehmungen war die der Firma C. H. Soltau, die doppelgeschossige Wagen mit rot-weißem Streifenmuster benutzte, im Volksmund kurz und respektlos auch »Badehosen« genannt.

Nach einer anfänglichen Zeit der Ungewißheit, welches Verkehrsmittel sich durchsetzen würde, zeigte sich aber zunehmend, seit 1875 durchschlagend, daß die Pferde-Eisenbahnen den Sieg über die Pferdeomnibusse auf Hamburgs Straßen erlangen sollten. Die Pferdeomnibusse mußten Zug um Zug weichen, so daß Ende 1882 nur noch drei Omnibuslinien von Bedeutung bestanden, nämlich zwei der B. O. A. G., und zwar die vom Schweinemarkt Hamburg zur Klopstockstraße in Altona und die von der Kuhmühle zur Holstenstraße in Altona sowie die Omnibuslinie der Firma Soltau vom Lübecker Tor zum Graskeller. Auf allen drei Linien war ein einheitlicher Fahrpreis von 10 Pfennig zu bezahlen.

Die B. O. A. G. und die Firma Soltau waren fest entschlossen, der immer stärker werdenden Konkurrenz der Pferdebahnen Widerstand zu leisten, ihre Fahrgäste zu halten, ja, durch kundenfreundliche Aktionen sogar Fahrgäste von den Pferdebahnen abzuwerben. Standen die beiden früher einmal im ständigen Wettbewerb gegeneinander, so konzentrierten sich jetzt alle Kräfte auf eine enge Zusammenarbeit. Man einigte sich auf einen Umsteigeverkehr zwischen den Linien beider Unternehmen. So wurden ab 1. Juni 1883 sogenannte Correspondenz-Billets, gültig auf allen Linien der beiden Firmen, für 15 Pfennig ausgegeben.

Die B. O. A. G. versuchte es auch mit der Modernisierung. So erhielt das Personal im Jahre 1883 neue Uniformen. Im Juni desselben Jahres wurden zwei neue Wagen eingesetzt, weitere 10 Wa-

Gruppenbild mit der »Badehose«, dem Soltauschen Omnibus, 1876 [1]

gen bestellt. Als besondere Annehmlichkeit erhielten die Fahrgäste der Linie Rathausmarkt–Palmaille im Winter 1883/84 während der Fahrt Wärmflaschen, was vom Publikum und der Presse wohlwollend anerkannt wurde. Ja, die Firmenleitung verstieg sich sogar zu der Idee, den Betrieb der Omnibusse an die jeweiligen Kondukteure zu verpachten. Am 6. März 1884 erschien deswegen in der *Reform* folgende Anzeige: »Der Vorstand hat beschlossen, auf der Linie Lübscherbaum–Mönkedamm die Einnahmen der einzelnen Wagen versuchsweise an geeignete Persönlichkeiten als Kondukteur zu verpachten. Reflektanten werden aufgefordert, sich im Büro der Gesellschaft, Großneumarkt 54/56, bis zum 15. März zu melden, woselbst die Pachtbedingungen zur Einsicht ausliegen.« Später hat die Generalversammlung diesen Plan jedoch verworfen.

„De rode Omnibus

1. Des Nachts um elfe
Von Hohenfelde,
Da fährt der letzte rote Omnibus,
's gibt kein Verweilen,
Man muß sich eilen,
Weil man den Ratterkasten noch erreichen muß.
Und es steigt der dicke Kutscher
Brummend auf den hohen Thron,
Von dem kräft'gen Schlummerpunsche
Wackelt der Zylinder schon.
Alles rennet, rettet, flüchtet,
Alles kreischt und alles drängt —
Endlich hat mit Mühe man sich 'reingezwängt.

Refrain: Des Nachts um elfe
Von Hohenfelde,
Da fährt der letzte rote Omnibus,
's gibt kein Verweilen,
Man muß sich eilen,
Weil man den Ratterkasten noch erreichen muß.

2. Oft wird gehoben
Man auch nach oben,
Dann geht's die steile Eisentreppe rauf.
Die ganze Strecke
Auf dem Verdecke
Läßt man dem Übermut nun seinen freien Lauf.
Adje streckt die langen Beine
Übers Gitter weit hinaus,
Hannes kitzelt seine Kleine —
Huch! Da schreit die süße Maus!
Mundharmonika bläst Schorschi
Durch die Nacht so wunderbar,
Korl singt schmetternd: „'s war ein Sonntag hell und klar!"

Refrain: Des Nachts um elfe
von Hohenfelde,
Fährt man im letzten roten Omnibus,
Immer aufs neue
Gibt voller Schläue
Sich jedes Paar den allerletzten Abschiedskuß.

3. Beim Amüsieren
Kann's auch passieren,
Daß fort der letzte rote Omnibus.
Dann hakt man munter
Sein Mädel unter
Und wandert wohlgemut nach Hause nun zu Fuß.
Mag der Himmel Regen spenden,
Ob es hagelt, schneit und weht:
Unterm Paraplü zu zweien
Gar zu rasch die Zeit vergeht.
Leise flüstert er von Liebe,
Bebend hört's die süße Maid . . .
Daß der Wagen fort, tut beiden furchtbar leid!

Refrain: In solchen Stunden
hat sich gefunden
Oft Herz zu Herz in süßem, sel'gen Kuß —
Drum wollen wir singen
Vor allen Dingen
Ein Lob dem allerletzten roten Omnibus!"

Tanzduett aus „Hamburger Leiden" von Julius Stinde.
Text von Richard Ohnsorg.

Ecke Neuer Wall und Ellernthorsbrücke. Rechts im Bild ein Omnibus der B.O.A.G., links ein Fahrzeug der Hamburg-Altonaer Pferdebahn. Im Durchgang zum Bohnsplatz, rechts neben dem Geschäft Keinke, das Vorspannpferd für den Omnibus. [1]

Die Beförderungszahlen waren von Jahr zu Jahr weiter rückläufig. Am 1. Juli 1888 verschärfte die B. O. A. G. den Konkurrenzkampf nochmals durch die Einführung von Retourbillets für 15 Pfennig. Doch zeigte dieses Jahr deutlich, daß selbst trotz tariflicher Maßnahmen die Fahrgäste unaufhaltsam auf das damals modernere Verkehrsmittel, die Pferdebahn, abwanderten. Auch 1889 betrug der Verkehrsrückgang wieder 8 %.

Das Jahr 1889 war überdies auch ein denkwürdiges Jahr. Der Omnibusverkehr in Hamburg wurde 50 Jahre alt, ein Jubiläum ohne Zukunftsperspektive. Trotzdem wurde am 22. August 1889 das Jubiläum des 50. Bestehens der B. O. A. G. festlich begangen. Ein groß aufgezogener Tag vor einem schon beschlossenen, aber noch nicht bekannten Untergang! Eingeleitet durch ein Ständchen auf dem Hofe der Altonaer Stallung, begannen anschließend die Wagen, mit Girlanden, Flaggen und Schildern »1839–1889« festlich geschmückt, ihren Tagesdienst. Der reiche Flaggenschmuck vieler Häuser, besonders in Altona, zeugte für die Beliebtheit, der sich das Unternehmen trotz der Pferdebahnen in Publikumskreisen noch erfreute. Auf einem Transparent war zu lesen

»Nulltarif« zum Einkaufen [1]

Die Schraube.

Hannes: Heft heurt, Peter? De Peerbahn hett den Fahrpriis runner ben; se will de Groschenomnibus dodt maken.
Peter: Un wenn de nu dodt maakt is?
Hannes: Denn schruuwt se wedder rop!

HOCH LEBE DIE BASSON'SCHE OMNIBUS-ACTIEN-GESELLSCHAFT und auf der anderen Seite NOCH 50 JAHRE GLÜCKLICHE FAHRT. Nichts deutete darauf hin, daß die Liquidation des Unternehmens bereits eine abgemachte Sache war. Erst als die Generalversammlung am 18. November 1889 ihre Zustimmung gegeben hatte, wurde die Öffentlichkeit unterrichtet und der Betrieb langsam eingeschränkt. Die Pferdebahn hatte gesiegt! Die im Jahre 1887 neu gegründete *Große Hamburg-Altonaer Straßenbahn-Gesellschaft* übernahm die B. O. A. G.-Linien und auch die von der Firma Soltau. Das Personal sowie das Material gingen größtenteils auf die *Große Hamburg-Altonaer Straßenbahn-Gesellschaft* über. Am 6. Mai 1890 traten die Pferdeomnibusse, zum Teil vierspännig gefahren und von einem Vorreiter angeführt, ihre letzte Fahrt an. Wiederum war das Interesse des Publikums sehr lebhaft. In und auf den Wagen drängten sich die Menschen, und bengalische Streichhölzer wurden abgebrannt. Die Jagd nach dem letzten Fahrschein gewann in Altona ein Kommis (Handlungsgehilfe), der noch kurz vor der Endstation aufsprang, um sich denselben als Erinnerung zu bewahren. Hamburgs letzte innerstädtische Omnibuslinie gehörte damit der Vergangenheit an. Fast 25 Jahre hatte der Wettbewerb Omnibus – Pferdebahn gedauert, bis die letztere diesen für sich entscheiden konnte. Ein vertrautes Bild verschwand aus Hamburgs Straßen. Die Presse schrieb nach der Einstellung der letzten Linie der B. O. A. G.: »Der Geschmack des Publikums ist aber höchst wunderbar. Trotz der billigen Preise, welche die Omnibus-Fahrten kosteten, vermied es, wer nur irgend konnte, dieses Vehikel zu benutzen, da es ungefähr ebenso angesehen wurde, als die IV. Wagenklasse auf der Eisenbahn.«

Was das Publicum Alles verlangt.

Conducteur: Nun, mein Kind, wo wollen Sie aussteigen? Wo soll ich anhalten?
Dienstmädchen: Ecke der Böckmannstraße, dritte Etage.

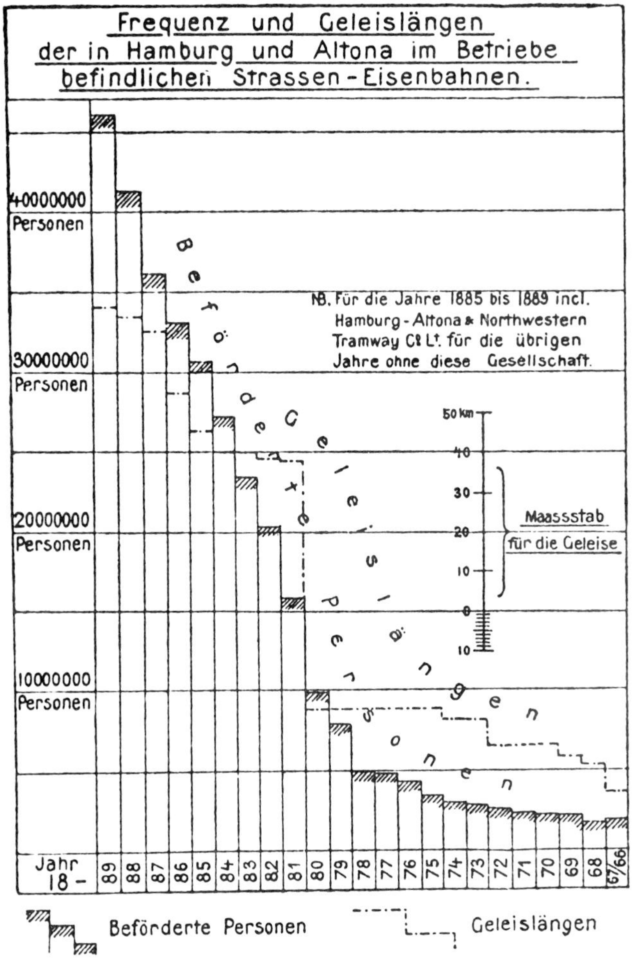

Nur dem gewaltigen Aufschwung des Hamburger Stadt- und Nahverkehrs in den Jahren 1880 bis 1889 ist es zu verdanken, daß sich die Pferdeomnibusse trotz der scharfen Konkurrenz durch die Pferdebahnen so lange halten konnten. Zur Gesamtbeförderung (Pferdeomnibus und Pferdebahn) einige Zahlen:

1880: 16 Mill. Fahrgäste

1889: 49,8 Mill. Fahrgäste

Ende 1889 verfügten die Gesellschaften über folgendes Betriebsmaterial:

Pferdebahnen:

457 Wagen, 2246 Pferde, 19 Lokomotiven

Omnibusse:

53 Wagen, 375 Pferde

Mit der Einstellung des Pferdeomnibusbetriebes in den Innenstädten von Hamburg und Altona war jedoch der Omnibus dieser Art noch nicht tot. In den Außenbezirken konnte er sich noch lange Jahre halten. So wurden 1902 noch drei neue Linien in Bramfeld, Ochsenzoll und Eidelstedt eröffnet. Erst mit dem Auftreten anderer, modernerer Verkehrsmittel wurden diese Strecken wieder eingestellt.

Einer der letzten Basson'schen Omnibusse (Betrieb eingestellt am 6. Mai 1890) [1]

Omnibus der Linie Ohlsdorf – Langenhorn – Ochsenzoll im Jahr 1910 (von 1902 bis 1916 betrieben) [1]

Die Pferdebahn im leichten Trab zur Endstation

In den siebziger und achtziger Jahren des vergangenen Jahrhunderts war die Welt für die Pferdebahnen noch in Ordnung. Immer weiter und weiter expandierten sie, neue Gesellschaften machten sich auf, zu Haupttrassen traten Flügelbahnen oder Circularbahnen.

In dieser Zeit erschienen in der Presse auch nicht mehr ausschließlich die Worte Pferde-Eisenbahn oder Pferdebahn, sondern man gebrauchte schon das Wörtchen Straßenbahn. Eine der bemerkenswertesten Gründungen in jenen Tagen war die *Straßen-Eisenbahn-Gesellschaft in Hamburg, Actien-Gesellschaft,* am 4. August 1880 unter Mitwirkung des Bankhauses Erlanger & Söhne, Frankfurt/Main, eröffnet. Diese Gesellschaft sollte in der späteren Verkehrsgeschichte eine entscheidende Rolle spielen.

In den Jahren ab 1880 wuchsen die Vorstädte mit der heutigen Innenstadt durch den Zuzug vom Lande, die Schaffung des Freihafens und die damit bedingte Umsiedlung der Bewohner der Kehrwieder- und Wandrahm-Insel beträchtlich zusammen. Gleichzeitig begann sich die Trennung der Wohngebiete von dem Arbeitszentrum Stadt und Hafen noch stärker abzuzeichnen; dadurch ergab sich ein immer stärkeres Bedürfnis nach besseren und umfangreicheren Verkehrsmitteln. Der Ruf nach einem Verkehrs*system* wurde laut. Die neue *Straßen-Eisenbahn-Gesellschaft* erkannte das Gebot der Stunde und übernahm 1881 die *Pferde-Eisenbahn-Gesellschaft*, jenen Betrieb also, der den Ruhm für sich in Anspruch nehmen konnte, die erste Pferdebahn in Hamburg im Jahre 1866 geschaffen zu haben. Die *Straßen-Eisenbahn-Gesellschaft* operierte weiter mit viel Glück und Weitsicht. Während andere Gesellschaften in Schwierigkeiten gerieten, konnte sie immer größere Stücke aus dem Verkehrskuchen schneiden. Im Jahre 1890 ging sie die Fusion mit der erst drei Jahre zuvor gegründeten *Großen Hamburg-Altonaer Straßenbahn-Gesellschaft* ein, die seinerzeit die letzten innerstädtischen Pferdeomnibusse schluckte. Durch die *Große Hamburg-Altonaer Straßenbahn-Gesellschaft* ist St. Georg erstmals direkt am Hafen entlang mit St. Pauli und Altona verbunden worden. Die St. Georg-Linie führte nicht durch das Nobistor, sondern über die Hamburger/Altonaer Hochstraße.

Die Lombardsbrücke ca. 1868: »Wettfahrt« einer Dampfbahn der Verbindungsbahn mit einer Pferdebahn. Im Hintergrund die 1867 erbaute (alte) Kunsthalle. [1]

Scherzhaft erhielt diese Bahn in der Bevölkerung zur besseren Unterscheidung der Linien der *Hamburg-Altonaer Pferdebahn-Gesellschaft* (Fünfrad-Wagen) den Namen Hochbahn.
Es war die *Straßen-Eisenbahn-Gesellschaft,* die den schon beschriebenen Betrieb mit Dampflokomotiven zwischen Hamburg und Wandsbek intensivierte, und ihr war es vorbehalten, endlich den elektrischen Betrieb in Hamburg auf ihren Strecken einzuführen.

Ein Wagen der 1881 eröffneten Pferdebahn Rathausmarkt – Mittelweg – Dorotheenstraße auf dem Stephansplatz, 1885 [1]

Die von Pferden bewegte »Ringbahn um die innere Stadt« vor dem Berliner Bahnhof am Deichthorplatz [1]

Pferdebahn und Fünfradwagen an der Ecke Neuer Wall/Stadthausbrücke [4]

NETZ DER PFERDEBAHNEN UM 1894

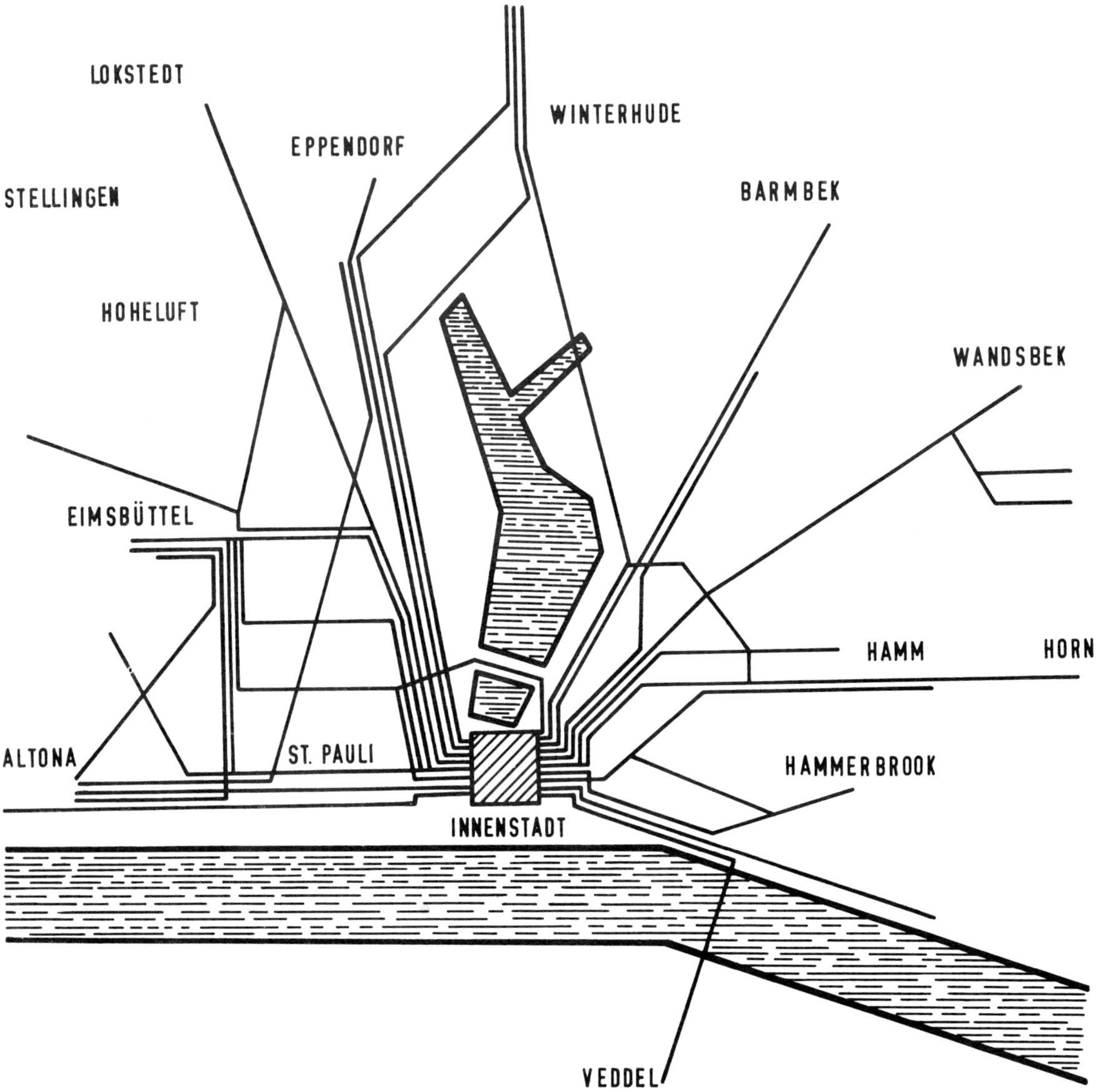

Elektrisch geht's besser

Die *Straßen-Eisenbahn-Gesellschaft* verstand es ausgezeichnet, sowohl dem Bedarf entsprechend zu planen als auch neue Techniken zu verwirklichen.

Durch die Vereinigung der verschiedenen Betriebe war nun endlich eine Grundlage für ein großzügiges Unternehmen geschaffen. Die bisherigen unfruchtbaren Konkurrenzkämpfe hörten – bis auf den mit der sehr gesunden *Hamburg-Altonaer Pferdebahn-Gesellschaft* – auf; es trat jetzt ein Zustand der Ruhe und Sicherheit ein. Man konnte endlich auch der ferneren Zukunft Rechnung tragen und sich weit ausschauend an größere Unternehmungen heranwagen. Natürlich ging es nicht ohne Mißerfolge. Was Werner von Siemens bereits 1881 in Berlin demonstrierte, war noch einmal 1885 auf der Weltausstellung in Antwerpen zu bestaunen – ein elektrischer Straßenbahnwagen! Dies veranlaßte die *Straßen-Eisenbahn-Gesellschaft* im Jahre 1885, sich näher mit dem System zu befassen. Ihre Versuche fanden in bescheidenem Umfang statt, indem zwei Akkumulatorenwagen auf der Linie nach Barmbek über den Mühlendamm in Dienst gestellt wurden. Sie befriedigten aber nicht und mußten im Jahr darauf wieder eingestellt werden.

Die Suche begann von neuem. Mehr und mehr wurde deutlich, daß dem stetig wachsenden Verkehrsbedürfnis mit dem Pferdebetrieb auf die Dauer nicht entsprochen werden konnte. Mittel und

Sohn: Mir scheint, daß dieser Wagen voll ist.
Vater: Mein Sohn, mir scheint, als ob Du toll bist!
Der Conducteur nimmt an, es sei
Am Orte keine Polizei.
Den Wagen kann er voll nicht schätzen —
Noch sind die Pferde zu besetzen.

Wege mußten gefunden werden, einen Ersatz zu schaffen, der neben größerer Anpassungsfähigkeit an die Verkehrsschwankungen eine wirtschaftlich bessere Ausnutzung des Materials zuließ. Einen vorteilhaften Ersatz des schwerfälligen Pferdebetriebes glaubte man nun in dem seit 1885 vervollkommneten elektrischen Betrieb gefunden zu haben. Die *Straßen-Eisenbahn-Gesellschaft* verhandelte mit den hamburgischen Behörden und erhielt schließlich die Erlaubnis, zunächst auf drei nicht direkt durch das Stadtzentrum führenden Linien versuchsweise den elektrischen Betrieb einzuführen. Dabei war es klar, daß der Akkumulatorenbetrieb keine Chance gegen das Oberleitungssystem hatte. Es fragte sich nur, welches Oberleitungssystem die größte Sicherheit und die höchste Rentabilität bot. Gern ging die *Straßen-Eisenbahn-Gesellschaft* daher auf ein Angebot der *Union Electricitäts-Gesellschaft* in Berlin ein, die ein Oberleitungssystem entwickeln und bauen wollte, das den Anforderungen entsprechen und dabei ein bestimmtes Kostenlimit nicht überschreiten sollte.

Straßenbahnwagen mit Akkumulatorenantrieb, 1885 [1]

Die behördliche Genehmigung des elektrischen Betriebs auf den Linien Eimsbüttel–Pferdemarkt, Veddel–Schlump und der »Ringbahn um die innere Stadt« erfolgte 1893. Die Bauarbeiten begannen unverzüglich. Schon im Frühjahr 1894 konnten die drei genannten Linien elektrisch befahren werden, und zwar am 5. März 1894 die Ringbahn, am 9. April die Veddeler Linie und am 12. Mai die Eimsbütteler Linie. Den elektrischen Strom lieferten die Hamburgischen Electricitätswerke aus ihrer in der Poststraße gelegenen Zentrale.

Eine Fahrkarte für die längste Strecke kostete 50 Pfennig, dabei war das Umsteigen nicht erlaubt. Eine Jahreskarte für das Hamburger Netz der *Straßen-Eisenbahn-Gesellschaft* (S. E. G.), also ihrer neuen elektrischen und ihrer alten Pferdebahn-Linien, war im Jahre 1894 für 150 Mark erhältlich. Für das Gesamtnetz, einschließlich Altona und Wandsbek, mußten 200 Mark bezahlt werden. Stolze Preise!

Nachdem die Erwartungen zur vollen Zufriedenheit erfüllt waren, erteilte der Senat seine endgültige Zustimmung. Natürlich gab es auch Proteste. In erster Linie ging es dabei um die Oberleitungen und Masten, die – wie es hieß – das Stadtbild verschandelten.

Eindrücken der Schienenfüße der Straßenbahnschienen in die Spurhalter durch Knarrhebel, System Culin [2]

Die kunstvoll gestalteten Fahrleitungsmasten durften (zunächst) den Jungfernstieg nicht verschandeln [1]

Ferner erhoben warnende Stimmen ihre Bedenken gegen das rasende Ungeheuer, das mit einer noch nicht gekannten Geschwindigkeit durch die Straßen Hamburgs fahren sollte. Bisher galt als Höchstgeschwindigkeit der Trab der Pferde. Ein Ungetüm, das 20 bis 30 Stundenkilometer rasen sollte, konnte doch nur Unglück in Massen erzeugen!

Der Jungfernstieg blieb zunächst für die »Elektrische« tabu. So mußte die Straßenbahn wohl oder übel bis 1900 in beiden Richtungen eingleisig durch die enge Post- und Gerhofstraße fahren; Masten und Oberleitungen durften Hamburgs »gute Stube« nicht verunstalten. Hier sowie am Großen Burstah lag die eigentliche Achillesferse des Straßenverkehrs der damaligen Zeit. Durch die genannten Straßen fuhren 1895 bis zu 84 Straßenbahnwagen stündlich in jede Richtung; 1900 waren es sogar 90. Die Grenze der Belastbarkeit war erreicht. So mußten schließlich doch die Gleise über den verbreiterten Jungfernstieg gelegt werden. Eine neue Schienenführung kam ab 1910 zwischen dem im Jahre 1906 eröffneten Hamburger Hauptbahnhof und dem Rathaus hinzu, durch die erst in dieser Zeit im Zuge des U-Bahn-Baues entstandene Mönckebergstraße.

Wenn es auch viele Skeptiker gab, so erfreute sich das neue Verkehrsmittel doch großer Beliebtheit. Liniennummern gab es anfangs noch nicht. Die Linien der Pferdebahnen unterschied man lediglich an der Farbe der Richtungsschilder, und dieser Tradition blieb man auch bei der elektrischen Straßenbahn treu. Jeder Wagen trug dazu ein weithin sichtbares Zeichen auf dem Dach. Die Ringbahn – sie verkehrte im Zuge der damaligen Wallanlagen vom Berliner Bahnhof (heute Deichtorplatz) über Klosterwall, Glockengießerwall, Lombardsbrücke durch die Wallanlagen nach den Landungsbrücken und von dort am Hafen entlang zum Berliner Bahnhof zurück – zeigte zum Beispiel ein rotes R in einer schwarzumrandeten Scheibe.

Die zweite elektrifizierte Linie – die Veddeler Linie – war übrigens die längste Pferdebahnstrecke. Sie verkehrte von der Veddel über Rothenburgsort, Banksstraße, den Hafen entlang wie die Ringlinie, St. Pauli, Eimsbüttel (Schanzenstraße), Schlump bis zum Eppendorfer Krankenhaus (Fahrzeit 55 Minuten).

Die Eimsbütteler Linie begann am Weidenstieg an der Christuskirche, führte durch die Weidenallee zum Schäferkamp, durch die Lager- und Jungiusstraße zur Ringlinie und dann über Lilienstraße (rückkehrend Rosenstraße) zum

Zweiachsiger Motorwagen der »Veddeler Linie« mit ehemaligem Pferdebahnwagen als Anhänger [3]

Pferdemarkt (heute Gerhart-Hauptmann-Platz).
Bei den drei genannten Linien blieb es zunächst. Einen ganzen Sommer lang konnte man das neue Verkehrsmittel studieren. Hamburg war begeistert. Die elektrische Straßenbahn setzte sich in ungeahnter Geschwindigkeit durch. Es hagelte jetzt Proteste aus den noch nicht angeschlossenen Stadtteilen. Und so begann man nach einem bestimmten Plan, nach und nach fast alle Pferdebahnlinien auf elektrischen Betrieb umzustellen. Bis zum 1. November 1896, also in dem erstaunlich kurzen Zeitraum von nur 2 ½ Jahren, hatte es die *Straßen-Eisenbahn-Gesellschaft* geschafft. Um diese Zeit waren etwa 400 Fahrzeuge im Einsatz. Die alten Pferdebahnwagen erhielten noch eine »Gnadenfrist« als Anhänger, nachdem bereits 1894 erste Versuche damit erfolgreich verlaufen waren.

Blick in das Innere eines der frühesten Hamburger Straßenbahnwagen [3]

Aber es ist nicht nur umgebaut worden. In jenem Zeitraum wurde sogar noch eine Strecke von 5 km neu gebaut, und zwar vom Barmbeker Zoll nach Ohlsdorf. Sie konnte am 11. April 1895 eröffnet werden, um rechtzeitig am folgenden Tage, dem Karfreitag, dem starken Verkehr zum Friedhof gewappnet zu sein. Bisher waren die Friedhofsbesucher gezwungen, mit der Pferdebahn den Umweg über Winterhude zu fahren, nicht gerade eine schnelle Verbindung.

Ein Sorgenkind der *Straßen-Eisenbahn-Gesellschaft* war die mit Dampf betriebene Strecke nach Wandsbek. Preußen konnte sich mit den Hamburgern nicht einigen und verschob immer wieder die Erlaubnis für den elektrischen Betrieb. Angeblich soll die *Lübeck-Büchener Eisenbahn-Gesellschaft* erhebliche Bedenken gegen den elektrischen Betrieb angemeldet haben. Schließlich stellten die Hamburger quasi ein Ultimatum und wollten bei Ablehnung Preußens nur bis zur Grenze fahren. Soweit kam es jedoch nicht, und auch in Wandsbek siegte letzten Endes die Vernunft. Am 22. Juni 1897 konnte die letzte Hauptstrecke der S. E. G., Rathausmarkt–Wandsbek, elektrisch befahren werden.

Der erste vierachsige Straßenbahnwagen, 1897 [3]

Die letzten Dampfwagenfahrten in den Straßen von Hamburg im Juni 1897. Mit der Aufnahme des elektrischen Betriebs nach Wandsbek (Vorseite) war die Dampfwagenzeit (1879–1897) beendet. [1]

4223

P.A.
~~346~~ 52

Auszug

aus dem

Contractenbuche der Straßen-Eisenbahn-Gesellschaft in Hamburg.

N 4223

Fol. 62.

Friedrich Johann Carl Klinckmann

geboren resp. heimathberechtigt in Mißsdorf bei Schwarzenbek

Geburtsjahr 1862 den 12 Mai

ist als Kutscher im Winterhude

vom 15 Juli 1889 an gerechnet mit einem Gehalt von M. 85.00

geschrieben Fünfundachtzig Mark 00 pro Monat

auf Grundlage der demselben behändigten Instruction, mit Vorbehalt etwaiger Ergänzungen und Nachträge, welchen Obiger mit der Annahme dieses Dienstes sich unterwirft, angestellt worden. Derselbe ist verpflichtet, der für die Beamten und Angestellten der Straßen-Eisenbahn-Gesellschaft errichteten Betriebs-Kranken-Kasse beizutreten.

Das Dienstverhältniß ist jederzeit von seiner Seite mit ~~4 wöchentlicher~~ achttägiger und von Seiten der Gesellschaft mit 8 tägiger Frist kündbar, doch ist die Gesellschaft bei groben Pflichtverletzungen, Verweigerung des Gehorsams, oder im Falle begangener Unrechtfertigkeiten zur sofortigen Dienstentlassung berechtigt.

Obengenannter hat eine Caution von M. 75.00 zu bestellen, welche für etwaige Ordnungsstrafen und Ansprüche der Gesellschaft an denselben haftet und im Falle begangener Unrechtfertigkeit der Gesellschaft verfällt. Derselbe unterwirft sich in allen Fällen der Entscheidung der Direction, gegen welche ihm ausschließlich eine innerhalb vierzehn Tagen einzureichende Beschwerde an den Vorstand zusteht, indem er ausdrücklich auf jedes gerichtliche Verfahren verzichtet.

Derselbe bekennt die gedruckte Instruction sowie eine beglaubigte Abschrift dieses Contractes erhalten zu haben.

Hamburg, den 24 Juli 1889

52

Die Direction
der Straßen-Eisenbahn-Gesellschaft in Hamburg.

ppon. Schneider.

Daß ich mich dem Obigen in Allem unterwerfe, bezeuge ich durch meine Unterschrift.

Hamburg, den 24 Juli 1889.

Klinckmann

Um die arbeitslos gewordenen Kutscher und Pferdewärter nicht entlassen zu müssen, gab man ihnen die Chance, Motorführer oder Schaffner bei der »Elektrischen« zu werden. Dieser Versuch gelang vollkommen; die Gesellschaft erhielt sich dadurch einen Stamm bewährter Leute, denen sie durch die im Jahre 1893 ins Leben gerufene *Pensionskasse für Angestellte der Straßenbahn* eine Altensicherung durch die Gesellschaft bot.

Die großen finanziellen Erfolge durch den elektrischen Betrieb erlaubten eine Revision des Beförderungstarifes der S. E. G. Der alte Tarif, nach dem für jede Teilstrecke 5 Pfennig zu zahlen waren, verteuerte das Fahren auf langen Strecken sehr. Unter Beibehaltung der bewährten Teilstreckeneinteilung wurde vom 1. Januar 1897 ab der Fahrpreis für die beiden ersten Teilstrecken auf 10 Pfennig wie bisher, für je zwei weitere aber auf 5 Pfennig festgesetzt, so daß der Fahrpreis von 20 Pfennig auf 15 Pfennig und von 25 und 30 auf 20 Pfennig ermäßigt wurde. Man erwartete infolge dieser weitgehenden Ermäßigung eine derartige Frequenzsteigerung, daß die nicht unerhebliche Mindereinnahme durch die erhöhte Inanspruchnahme der Bahnen wieder ausgeglichen werden würde. Diese Vermutung indessen ging fehl. Am deutlichsten zeigte sich dies auf der Linie Wandsbek–Rathausmarkt. Dort wurden 1897 28 % Wagenkilometer mehr gefahren, 10 % Personen mehr befördert, aber 6 % weniger eingenommen.

Das Jahr 1899 brachte der *Straßen-Eisenbahn-Gesellschaft* eine weitere Vergrößerung durch die Fusion mit der *Hamburg-Altonaer Trambahn-Gesellschaft*, die vorstehend noch nicht erwähnt wurde. Diese entstand aus der 1882 eröffneten Altonaer Ringbahn, die zwei Jahre später von der Firma *The Hamburg-Altona North Western Tramways Company, Limited,* übernommen wurde. Im Jahre 1891 liquidierte die englische Firma. Ihre Konzession (damals vier Linien) ging auf die neu gegründete Aktiengesellschaft *Hamburg-Altonaer Trambahn-Gesellschaft* über. Sie betrieb die Strecken vom Rödingsmarkt nach Hoheluft, Eimsbüttel und Holstenstraße sowie den Altonaer Ring. Nachdem von der »Trambahn« noch zwei neue Linien eingerichtet wurden, nämlich nach Bahrenfeld und Altona Hafenstraße – Christuskirche, mußte sie im Juni 1899 doch von der *Straßen-Eisenbahn-Gesellschaft* übernommen werden, da ihre Einnahmen nicht mehr die Ausgaben deckten.

72 Elektrischer Triebwagen der Hamburg-Altonaer Centralbahn-Gesellschaft [3]

Ganz ohne Wettbewerb jedoch blieb die *Straßen-Eisenbahn-Gesellschaft* nicht. Die *Hamburg-Altonaer Pferdebahn-Gesellschaft* hatte aufgrund ihrer Linienführung stets ein gutes Geschäft gemacht. Im Jahre 1893 konnten noch 20 % Dividende gezahlt werden. Auch diese Gesellschaft elektrifizierte ihre Strekken, und am 26. Januar 1896 eröffnete sie den Betrieb mit 12 Triebwagen auf der Strecke von Borgfelde über Berliner Tor, Besenbinderhof, Speersort, Großer Burstah, Alter Steinweg/Michaelisstraße, Reeperbahn, Große Bergstraße bzw. Königstraße bis zum Bahnhof Altona. Verlängerungen dieser Linie im selben Jahr sollen hier unberücksichtigt bleiben. Nach der Elektrifizierung nannte die Gesellschaft sich nun *Hamburg-Altonaer Centralbahngesellschaft A. G.* (in späteren Jahren auch Zentralbahn genannt).

Die »Centralbahn« war in Hamburg sehr beliebt, nicht nur wegen ihrer Schnelligkeit und ihres günstigen Fahrpreises (für die Gesamtstrecke verlangte sie ab September 1896 nur noch 10 Pfennig). Die Wagen waren ockergelb angestrichen, und über dem Wagenkasten schwang sich ein pagodenhaftes Dach. Aus diesem Grunde wurde diese Bahn in Hamburg scherzhaft auch die Chinesenbahn genannt. Die »Centralbahn« war es auch, die erstmals (ab Februar 1896) Haltestellen einrichtete. Ein bloßes Winken unterwegs nützte nun nichts mehr. Ordnung mußte sein. *Centralbahn-* und *Straßen-Eisenbahn-Gesellschaft* waren also für lange Jahre im wesentlichen die einzigen Gesellschaften, die einen vollwertigen und großstädtischen Straßenbahnbetrieb in Hamburg und in Altona durchführten.

Fahrweganzeiger an den Stirnseiten der Wagen der Centralbahn [1]

74 Centralbahn in der Steinstraße, vom Speersort aus gesehen [1]

Mit der »Chinesenbahn« für 10 Pfennig von Hamburg nach Altona [6]

HAMBURG-ALTONAER PFERDE-BAHN.
ZUR CONTROLE AUFZUBEWAHREN
9650
QUITTUNG 10 PFENNIG
HAMBURG-ALTONAER CENTRALBAHN-GESELLSCHAFT
Zur Controlle aufzubewahren.
19730
Quitt. 5 Pfg.
HAMBURG-ALTONAER CENTRALBAHN-GESELLSCHAFT.
Zur Controlle aufzubewahren.
9388
Quitt. 10 Pfg.
Hamburg-Altonaer
Borgfelde- Rathhausmarkt.
Quittung 5 Pfennig
9907
Zur Controlle aufzubewahren.
Centralbahn-Gesellschaft.
Hamburg-Altonaer
Borgfelde- Rathhausmarkt.
Quittung 10 Pfennig
10000
Zur Controlle aufzubewahren.
Centralbahn-Gesellschaft.
Hamburg-Alton. Trambahn
Die Fahrgäste sind verpflichtet, die Fahrquittung dem Controlleur auf Verlangen zu behändigen.
9748
Quittung 15 Pfennig
STRASSENBAHN HAMBURG
Quittung über 10 Pfg.
Den Controlleuren auf Verlangen vorzuzeigen.
STRASSENBAHN HAMBURG
Fahrschein u. Quittung über 10 Pfg.
6806
Den Controlleuren auf Verlangen vorzuzeigen.
STRASSENBAHN HAMBURG
Fahrschein u. Quittung über 10 Pfg.
8588
Den Controlleuren auf Verlangen vorzuzeigen.
Ausgegeb. auf Altonaer Gebiet.
STRASSENBAHN HAMBURG
Fahrschein u. Quittung über 10 Pfg.
8989
Den Controlleuren auf Verlangen vorzuzeigen.
Hamburg-Alton. Trambahn
Die Fahrgäste sind verpflichtet, Fahrquittung d. Controleur auf Verlangen zu behändigen.
9445
10 Pf.
HAMBURG-ALTONA
STRASSENBAHN HAMBURG
Quittung über 10 Pfg.
8715
Den Controlleuren auf Verlangen vorzuzeigen.
Ausgegeb. auf Altonaer Gebiet.
STRASSENBAHN HAMBURG
Fahrschein u. Quittung über 10 Pfg.
983
Den Controlleuren auf Verlangen vorzuzeigen.
STRASSENBAHN HAMBURG
Quittung über 15 Pfg.
9444
Den Controlleuren auf Verlangen vorzuzeigen.
Ausgegeb. auf Altonaer Gebiet.
STRASSENBAHN HAMBURG
Fahrschein u. Quittung über 10 Pfg.
9393
Den Controlleuren auf Verlangen vorzuzeigen.
Hamburg-Altonaer
Borgfelde- Rathhausmarkt.
Quittung 10 Pfennig
3697
Zur Controlle aufzubewahren.
Centralbahn-Gesellschaft.

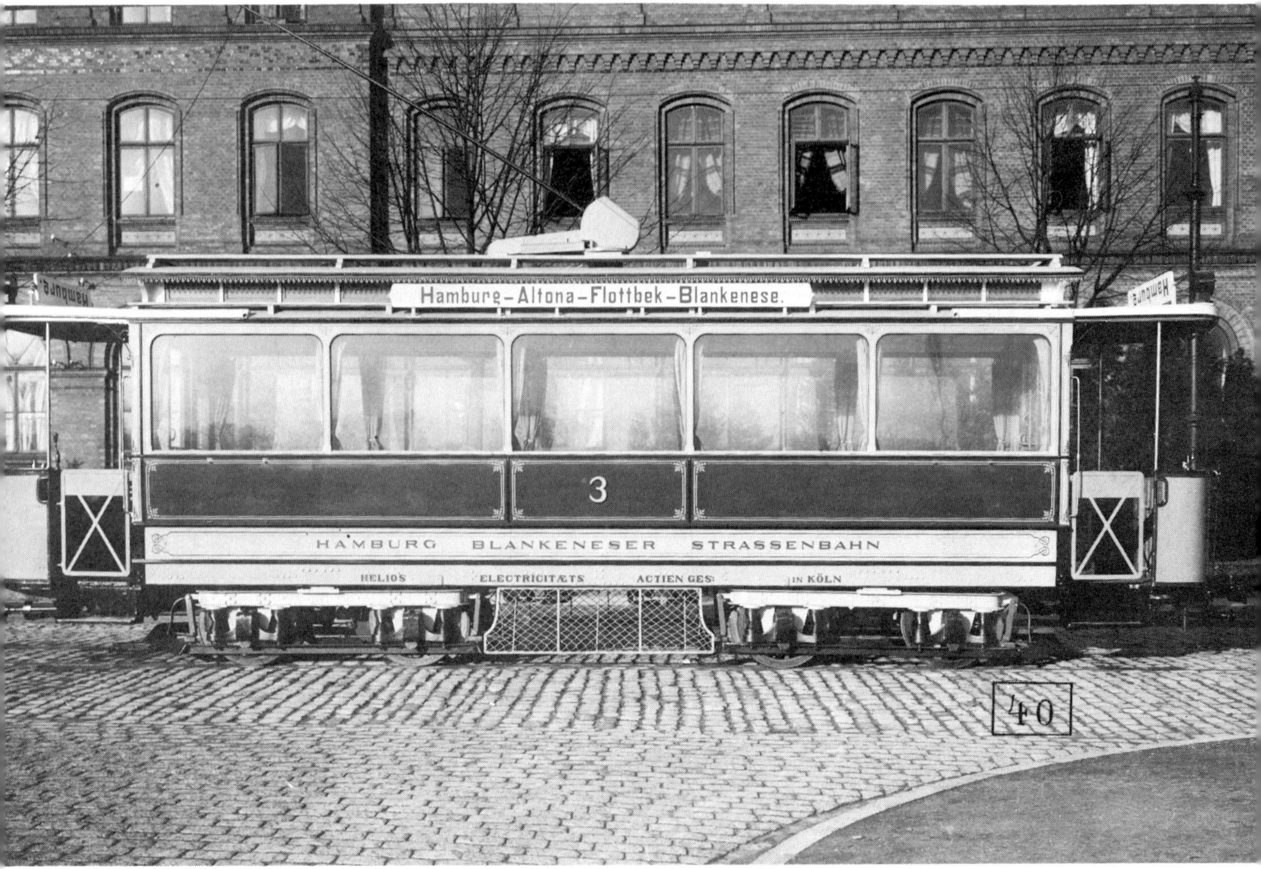

Vierachsiger Triebwagen der »Elektrischen Bahn Altona – Blankenese AG«, eine schon weitgehend in Vergessenheit geratene Straßenbahnverbindung zwischen (Barmbek) Altona – Flottbek – Blankenese von 1899 bis 1921 [3]

Der Verkehr in Hamburg nahm nun immer mehr zu. Neue Vororte oder Wohnsiedlungen wurden erschlossen, neue Linien eingerichtet. Die Brücke über die Süderelbe wurde erst 1899 (!) fertiggestellt. Sofort danach begannen die Arbeiten an einer Straßenbahnverbindung nach Harburg; von 1902 an (bis 1971) das wichtigste Nahverkehrsmittel zwischen Hamburg und Harburg.

78 Die im Jahr 1887 fertiggestellte Straßenbrücke über die Norderelbe. Ab 1902 fuhr auch die Straßenbahn nach Harburg darüber. [2]

Um die Jahrhundertwende wurde es immer schwieriger, die nun mittlerweile 30 Linien zu unterscheiden. Darum entschloß sich die Verwaltung, ihre Linien mit Nummern zu versehen. Aber nach welchen Gesichtspunkten sollte das geschehen? Zunächst ging man einfach historisch vor: Die älteste Pferdebahn war die Wandsbeker, also bekamen die neuen elektrischen Linien dorthin die Nummern 1 bis 5. Es folgte Barmbek mit Linie 6 bis 9 und Eimsbüttel mit 10 bis 16. Nach Hamm fuhr die Linie 17, und die beiden Ringlinien um die Alster bekamen die Nummern 18 und 19. Die übrigen Linien, die man nicht unterbringen konnte, erhielten die Nummern 20 bis 25, die Ringbahn um die innere Stadt (die erste elektrische) wurde Nummer 26. Die Verbindung nach Ohlsdorf erhielt die Nummer 28 und der Altonaer Ring die Nummer 27. Die Linien 29 und 30 fuhren in Altona. Die Entwicklung aber blieb nicht stehen, und jede neu eröffnete Linie bekam einfach eine höhere Nummer, bis man im Jahre 1913 bei 40 angelangt war. Alle Linien, von Außenstrecken abgesehen, verkehrten grundsätzlich im 10-Minuten-Rhythmus. Da aber durchweg auf den Strecken mindestens zwei Linien verkehrten, deren Linienführung häufig nur in der Innenstadt anders verlief, war die Wagenfolge tatsächlich häufiger als alle 10 Minuten. Nun sollte nicht unberücksichtigt bleiben, daß bei diesen Feststellungen das Fassungsvermögen der damaligen Straßenbahnzüge nicht mit Großraumzügen verglichen werden kann und daß es um die Jahrhundertwende noch keine U-Bahn und keine S-Bahn gab. Allerdings liefen seit 1897 schon Versuche mit vierachsigen Straßenbahnwagen, die statt 20 mindestens 30 Sitzplätze anzubieten hatten.

Arbeitswagen (Turmwagen) zur Wartung der Fahrleitungen [3]

Mit der Ringbahn im Jahr 1905 unterwegs: In der Esplanade; im Bild links die sogenannte Kommode, daneben die Einfahrt in den Neuen Jungfernstieg, im Hintergrund der Turm des Hauptpostamtes am Stephansplatz. [6]

Mit der Ringbahn im Jahr 1905 unterwegs: An der Kreuzung Glacischaussee, Feldstraße, Carolinenstraße, Holstenglacis. Links neben der Bahn ein Viehwagen und davor ein Konstabler als Verkehrsposten. Im Hintergrund das Strafjustizgebäude. [6]

Mit der Ringbahn im Jahr 1905 unterwegs: Am Millerntor in St. Pauli beim Konzerthaus Ludwig und dem Grand Cafe Royal. [6]

Mit der Ringbahn im Jahr 1905 unterwegs: Bei den Landungsbrücken mit St. Pauli Fährhaus und Seewarte. [6]

Mit der Ringbahn im Jahr 1905 unterwegs: An der Brooksbrücke mit den beiden Figuren Germania und Hammonia. [6]

Mit der Ringbahn im Jahr 1905 unterwegs: Am Meßberg/Deichthor, links hinten die Catharinenkirche. [6]

Als Nebenbetrieb unterhielt die *Straßen-Eisenbahn-Gesellschaft* eine eigene Wagenbauanstalt. Die Anfänge dieser Wagenbauanstalt reichen bis 1885 zurück. In jenem Jahr entschloß sich die Gesellschaft zum Bau eigener Straßenbahnwagen, weil die von ihr benötigten Wagen nicht immer termingerecht geliefert werden konnten. Sie errichtete darum auf ihrem Bahnhof Wendemuth in Wandsbek ihre erste Wagenfabrik. Bei dem schnellen Anwachsen des Straßenbahnbetriebs genügte die Werkstätte Wendemuth den Anforderungen bald nicht mehr. Eine Vergrößerung war wegen Terrainmangels nicht möglich, und deshalb siedelte die Wagenbauanstalt im Jahre 1892 zum neu erworbenen Grundstück Falkenried über, wo bald mehrere Gebäude für die Wagenbauanstalt errichtet wurden. Die Fabrik war imstande, trotz des schnellen Tempos, in dem die elektrische Streckenausrüstung vor sich ging, jederzeit die nötige Zahl neuer Wagen zur Verfügung zu stellen. Die aus dieser Fabrik hervorgegangenen Bahnwagen fanden aufgrund ihrer Konstruktion und soliden Bauart den Beifall der Fachleute im In- und Ausland. Die Erzeugnisse gingen bald in alle Welt.

Die Wagenbauanstalt im Betriebshof Wendemuth, 1886 [2]

In der Wagenbauanstalt Falkenried [3]

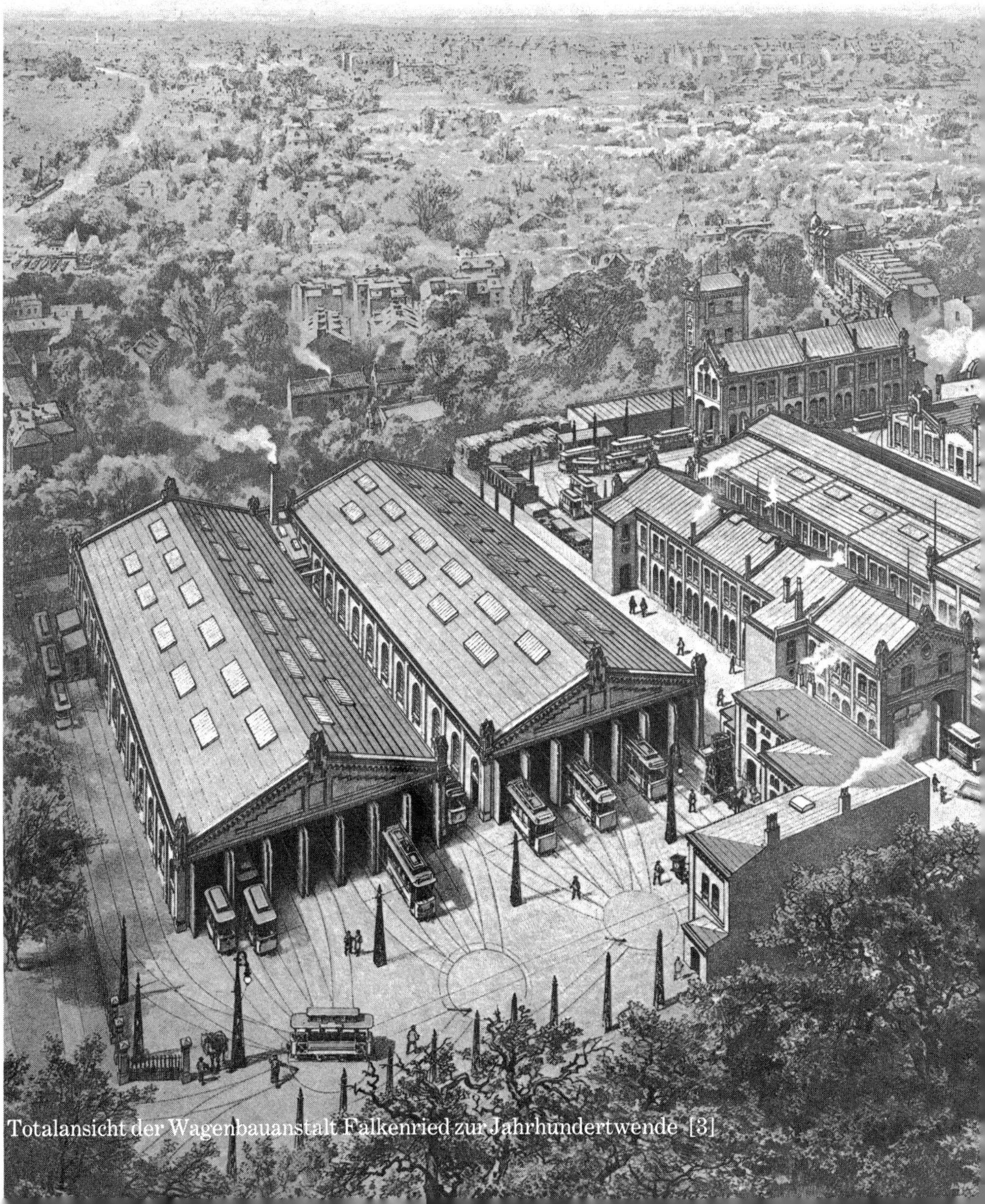

Totalansicht der Wagenbauanstalt Falkenried zur Jahrhundertwende [3]

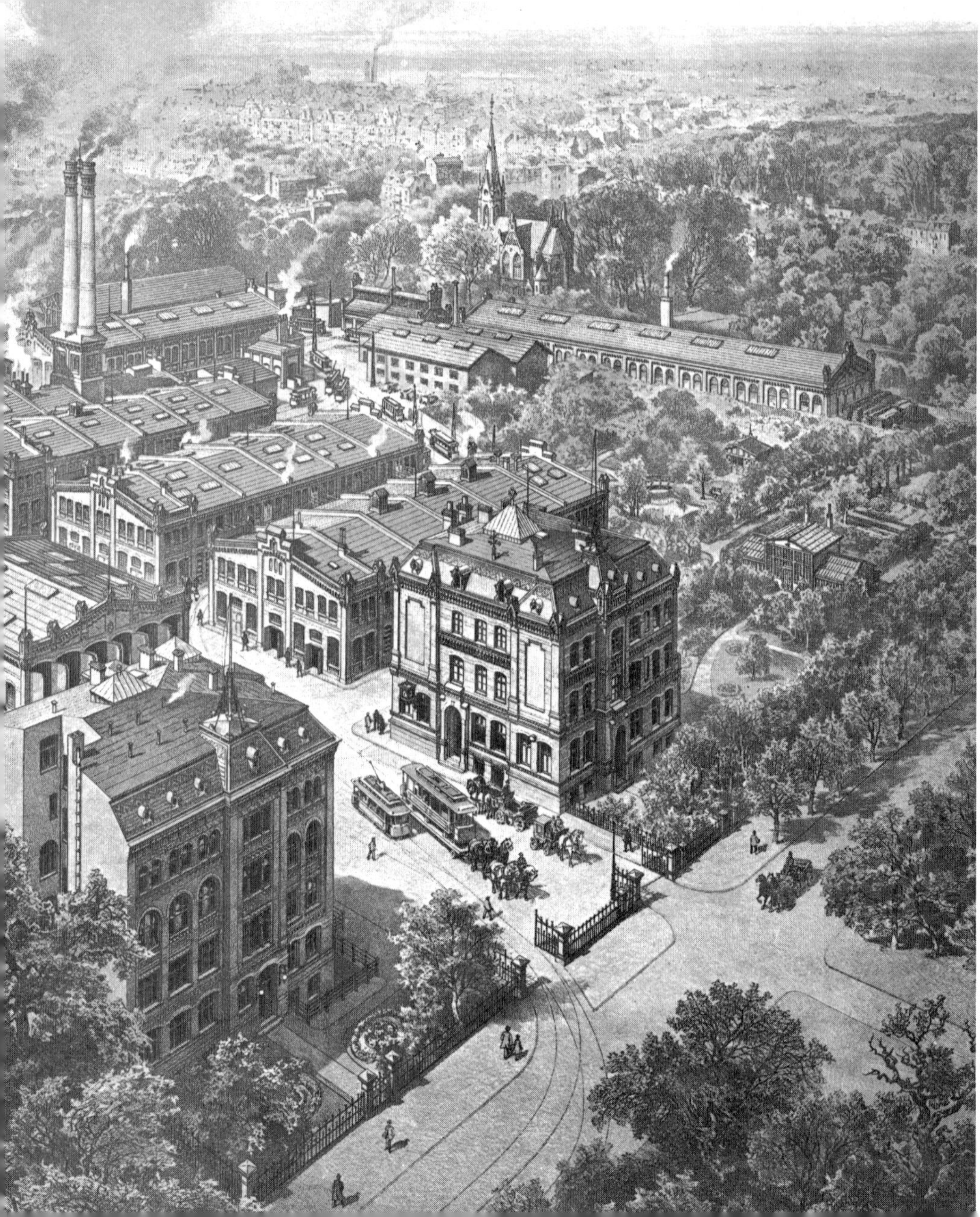

Mit welchem Schwung sich die elektrische Straßenbahn aus der Ära Pferdebahn löste, zeigen folgende Zahlen:

	Streckenlänge	Leistung	beförderte Personen
1893 (letztes Pferdebahnjahr)	92 km	12 Mill. Wagen-km	47 Mill.
1904	160 km	34 Mill. Wagen-km	121 Mill.

Mit voller Kraft ins 20. Jahrhundert

Die Jahrhundertwende war für die Straßenbahn in Hamburg gekennzeichnet von großem Erfolg. Selbst die im Jahre 1907 eröffnete und seit dem 29. Januar 1908 voll elektrisch befahrene *Hamburg-Altonaer Stadt- und Vorortsbahn*, die zwischen Ohlsdorf und Blankenese verkehrte, konnte den Verkehrsanteil nicht wesentlich schmälern.

Im Jahre 1910 hatte die Bewohnerzahl von Hamburg die Millionengrenze überschritten, die Wohnsiedlungen entstanden weiter und weiter vom eigentlichen Stadtzentrum entfernt. Hamburg wurde Weltstadt. Die Hapag besaß seinerzeit 175 Seeschiffe und war damit die größte Reederei der Welt. Der Hafen selbst erreichte in der Weltrangliste Platz Nr. 3 nach New York und London. An 64 000 Metern konnten die Schiffe abgefertigt werden. Und sie kamen! Rund 15 000 Seeschiffe wurden jährlich gezählt. (Im Jahre 1878 waren es erst 5300.) Hamburg wurde die Stadt der schier unermeßlichen Arbeitsplätze, aber auch Drehscheibe für internationale Verbindungen, für den Auswandererverkehr, für Kultur und Vergnügen. Es war eine stürmische Zeit, die großen Hotels wie

Der Hamburger Hafen um die Jahrhundertwende [8]

»Atlantic« und »Esplanade« entstanden, ebenso die Musikhalle, die Großmarkthallen und der Elbtunnel.
Das Straßenbahnliniennetz paßte sich der immer größeren Ausdehnung der Stadt sofort an, indem bestehende Linien einfach verlängert wurden, wie z. B. nach Groß Borstel, Harburg, Schnelsen, dem Freihafen und Ohlsdorf, oder neue Querverbindungen, wie z. B.

Das neue Hotel Esplanade mit zeitgenössischem Verkehrsandrang auf dem Stephansplatz [3]

Der umgestaltete Rathausmarkt im Jahr 1907, von den Alsterarkaden gesehen [2]

die Heidenkampswegbahn zwischen den Stadtteilen Uhlenhorst und Veddel, geschaffen wurden. In der inneren Stadt gab es zur Entlastung neue Straßendurchbrüche, so z. B. die Kaiser-Wilhelm-Straße und die schon erwähnte Mönckebergstraße.

Dem neuartigen Arbeitsrhythmus entsprechend (Schichtarbeit), begann die Straßenbahn ab 16. Mai 1898 sogenannte Arbeiter-Frühzüge zu fahren, während es bislang genügte, um 7.30 Uhr in der Innenstadt zu sein. Eine sehr wesentliche Verbesserung für den Straßenbahnbetrieb war die Umgestaltung des Rathausmarktes mit der Verbreiterung des Jungfernstieges. Die Umgestaltung des Rathausmarktes wurde nötig, weil

Platz für ein Denkmal Kaiser Wilhelms I. gewonnen werden mußte. Zu diesem Zweck wurde der ausgedehnte Endbahnhof der Straßenbahnen (und vormals der Dampfbahn) auf dem Rathausmarkt mit seinen sechs Gleisen und seinem ständigen Rangierverkehr endlich verlegt. Der Rathausmarkt wurde zur Durchgangsstation, die Linien konnten weitergeführt, zum Teil aber mit einer Schleifenanlage zurückgeführt werden. Für die Schleifenbildung wurde auch der Jungfernstieg ausgenutzt, der in den Jahren 1898 bis 1900 von 17 auf 47 Meter verbreitert wurde. Das damals geschaffene Gesicht der Promenierstraße Hamburgs ist in seiner äußeren Gestalt noch heute zu bewundern.

Der umgestaltete und verbreiterte Jungfernstieg um 1900 [4]

Die Matthiasstraße im sogenannten Gängeviertel vor dem Abbruch, 1908 [4]

Eine weitere Entlastung stark beanspruchter Straßenzüge der inneren Stadt erfolgte durch den Abbruch und die Sanierung der sogenannten Gängeviertel, eine Maßnahme, die heute oftmals noch bedauert wird, die aber seinerzeit aufgrund der menschenunwürdigen Verhältnisse unabdingbar war.

Die Straßenbahnen hatten einen solchen Zuspruch, daß die Polizeibehörden Erleichterungen zuließen, die zur Zeit der Pferdebahnen noch unmöglich erschienen:

- Auf bestimmten Strecken und zu bestimmten Tageszeiten durften die Triebwagen bis zu zwei Anhänger mitführen (Bedingung dafür waren Durchgangsbremsen).
- Die Besetzung der Straßenbahnen mit Fahrgästen auch über die im Wageninnern angegebenen Zahlen für Sitz- und Stehplätze wurde grundsätzlich gestattet.

Dagegen verlangte die Polizei zur Verminderung schwerer Unfälle im Jahre 1904 eine Schutzvorrichtung an den Triebwagen. Sie bestand aus einem unterhalb des Wagenkastens aufgehängten, beweglichen Fangnetz mit Tastgitter und einer durch den Führer zu betätigenden Auslösevorrichtung. Diese Einrichtung hat sich bestens bewährt.

Wartehalle für Straßenbahnfahrgäste »Bei der Kuhmühle«, 1905 [2]

Auch die Technik blieb nicht stehen. Die Triebwagen erhielten ab 1897 einen zweiten Motor. Die Stärke der Vierachser erhöhte sich von 25 auf 45 PS (ab 1903). Und auch der »Kundendienst« hatte in jener Zeit Premiere. Die Heizung per Kanonenofen im Wageninnern und das Auslegen von Stroh auf den Plattformen hörten auf. Seit 1909 machte man's mit Strom. Auch das Warten auf die Bahn wurde angenehmer. Die wichtigeren Haltestellen erhielten Wartehäuschen.

Seit dem 1. November 1905 war im Rahmen einer Tarifumbildung der allgemeine Umsteigeverkehr im Netz der Straßenbahnen gestattet worden. Jede Linie erhielt einen eigenen Fahrschein. Das Gesamtnetz ergab drei Zonen; in Preußen allerdings mußten besondere Fahrscheine ausgegeben werden.

Im Jahre 1912 unterhielt die *Straßen-Eisenbahn-Gesellschaft* 40 Linien, während die *Hamburg-Altonaer Centralbahn* nur eine Hauptlinie durch Verkehrs- und Geschäftsstraßen von Hamburg und Altona mit einer Gabelung in zwei Zweige in Altona besaß.

Die Entwicklungstendenzen bei den Hamburger Straßenbahnen geben die nachstehenden Zahlen wieder:

	Ende des Jahres	Gleislänge, einschl. Betriebshöfe	Beförderte Personen in Mill.	Geleistete Wagen-km in Mill.	Wagen-anzahl
Straßen-	1890	–	30	8	360
Eisenbahn-	1900	272 km	79,9	24,7	571
Gesellschaft	1910	337 km	140,5	47,3	1327
in Hamburg	1913	367 km	151	50,4	1411
Hamburg-	1890	11,1 km	0,78	1,33	53
Altonaer	1900	20,4 km	1,24	3,57	105
Centralbahn-	1910	20,4 km	1,53	3,41	105
Gesellschaft	1913	20,4 km	1,59	3,67	105
HHA	1928	–	–	–	1840
Betriebszweig	1942	–	–	–	1571
Straßenbahn	1953	331 km	257	38,6	1178
	1960	307 km	207	35,4	754

Die erste in Hamburg zugelassene Kraftdroschke der HEDAG (Hamburger elektrische Droschken Akt.-Ges.), 1906 [1]

Das 20. Jahrhundert wird als das Jahrhundert des Verkehrs in die Geschichte eingehen. All unser Tun und Handeln, vor allem aber die wirtschaftliche Entwicklung sind mittel- oder unmittelbar vom Verkehrsgeschehen beeinflußt. Ungestüm wie der Verkehr sich schlechthin als Element darstellt, ist auch seine ständige Wandlung, der variable Stellenwert der verschiedenen Verkehrsträger. Schien in den ersten Dutzend Jahren des 20. Jahrhunderts die Stellung der Straßenbahn als Instrument des Stadtverkehrs noch unangetastet, so läuteten in Hamburg zwei Ereignisse mehr oder weniger bedeutend eine neue Ära ein: Fast unbeachtet blieb die Anmeldung der ersten Kraftdroschke in Hamburg, eine absonderliche Extravaganz, belächelt und verspottet – und doch entwickelte sich aus dieser Keimzelle eine tausendfältige Frucht. Mehr Aufmerk-

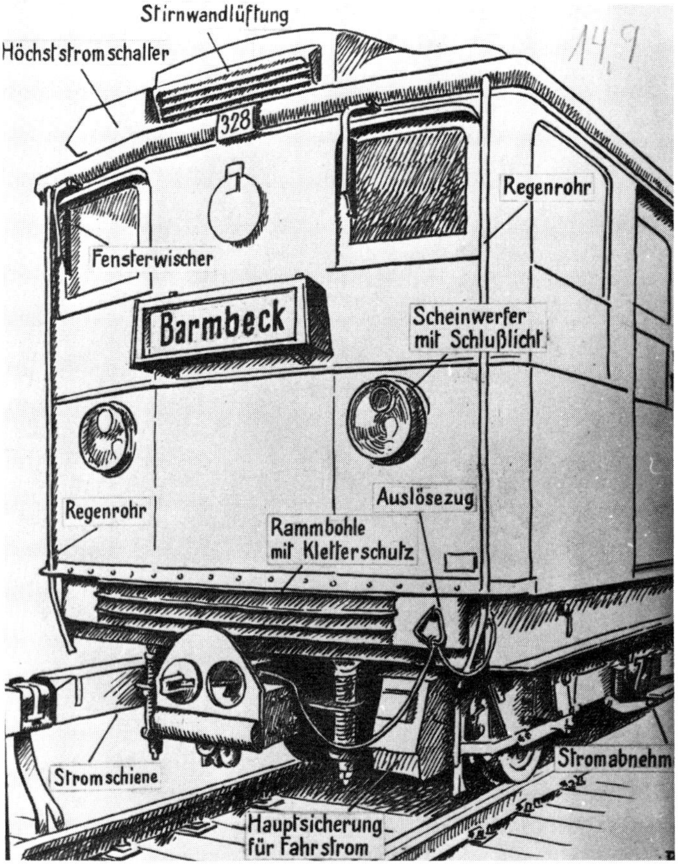

Skizze eines Hamburger Hochbahnwagens [1]

samkeit dagegen erhielt die neue Hochbahn, nach Berlin die zweite dieser Art in Deutschland. Als am 29. 6. 1912 die Ringlinie Rathaus–Hauptbahnhof Berliner Tor – Mundsburg – Barmbek – Kellinghusenstraße – Schlump – Millerntor voll eröffnet wurde, schrieb der Hamburger *Correspondent:*

»In gewaltiger Anspannung legt sich der gleißende Leib der Hochbahnschienen über Hamburgs Straßen und Wasser, drängt sich hinunter mit wühlenden Kräften in der Erde Dunkelheiten, ausgereckt zu fossiler Größe wie ein Nachkomme der Midgardschlange.«

Ja, die neue Hochbahn fand nicht nur »schaurige« Neugierde, sie wurde auch schnell von den Hamburgern benutzt. (Die Bezeichnung »U-Bahn« erfolgte erst 1937.) Mit 42 Millionen beförderten Fahrgästen und einer Einnahme von 5 Millionen Mark im Jahre 1913 bedeutete dieses neue Verkehrsmittel trotz der zeitbedingten allgemeinen Steigerung einen merklichen Verlust bei den Straßenbahnen. Aber was tat's, das Hochbahnnetz war noch klein, und die Fahrgastzahlen der Straßenbahnen lagen in jenem Jahr bei 152 Millionen. Eine böse Konkurrenz? Daran dachte in jenen »herrlichen Zeiten« wirtschaftlicher Blüte niemand.

Baustelle Ringlinie der Hamburger Hochbahn am Hafen mit Straßenbahnlinie 14 im Jahr 1911 [4]

102 Bau der »Untergrundbahn« und Durchbruch der Mönckebergstraße im Jahr 1908. Rechts im Bild die Petrikirche. [1]

Die Mönckebergstraße im Jahr 1914, Teilansicht zwischen Pferdemarkt (heute Gerhart-Hauptmann-Platz) und Rathausmarkt [8]

Am 23. Mai 1912 lief mit 52 000 BRT der Welt größtes Passagierschiff in Hamburg vom Stapel. Und der Kaiser war dabei. Seine Worte: »Ich taufe dich *Imperator*!« waren Impulse für den Schiffbau in Hamburg. Während die *Imperator* auf der Vulkan-Werft noch fertiggestellt wurde, lagen schon zwei weitere Schnelldampfer bei Blohm + Voss auf Kiel. Von den rund 100 000 hamburgischen Industriearbeitern waren seinerzeit etwa 13 000 im Schiffbau beschäftigt. Eine Hochbahnlinie in den Freihafen wurde geplant, ist aber nie zur Ausführung gekommen. Dagegen gab es bei den HADAG-Fähren und im Elbtunnel einen enormen Zuspruch.

An den Sonntagen galt es als »schick«, mit der Straßenbahn ins Grüne zu fahren, so nach Wandsbek, Niendorf, Bahrenfeld oder an Alster und Elbe. Ab Mai 1907 konnte man sich den Wunsch »Geh'n wir mal nach Hagenbeck« per Straßenbahn erfüllen. Wer wollte, konnte in den Lokalen 11 Glas Bier für eine Reichsmark haben. Doch eine »herrliche Zeit«?!

Linie 16 im Jahr 1905 zwischen Rödingsmarkt und Hoheluft. Die ersten Straßenbahnverbindungen zum Tierpark Hagenbeck gab es durch die Linien 10 und 3, durch die Linie 16 erst von 1937 bis 1963. [6]

Bei Ausbruch des ersten Weltkrieges entstanden den öffentlichen Verkehrsbetrieben ernstliche Schwierigkeiten dadurch, daß ein unverhältnismäßig großer Teil des Personals alsbald zum Heeresdienst eingezogen wurde. Es liegen Zahlen vor aus dem Bereich der Hochbahn: Dort wurden 73 % der im Betriebsdienst Beschäftigten und 62 % aller Angestellten sofort einberufen, insgesamt also 2343 Personen. Diese extrem hohe Zahl hing damit zusammen, daß die in den Vorjahren Eingestellten ehemalige Soldaten waren, die als Reservisten sofort wieder einrücken mußten. Vermehrt hatten nun Frauen als Ersatz für die einberufenen Männer Dienst zu tun, aber erst ab 1915 sah man sie im Außendienst als Schaffnerinnen, ab 1916 als Triebwagenführer.

Der Ausbau der Nahverkehrsmittel, in den Vorjahren mit Vehemenz vorangetrieben, stockte. Die vorbereitete Verbindung nach Bramfeld unterblieb. Sie konnte erst am 1. Dezember 1948 eröffnet werden. Es wurden keine Netzerweiterungen gestattet, es sei denn, als Versorgungsstrecken zu Großbäckereien, zum Sandthorquai, als Transportmittel für Mehl oder als Paketdienst für die Kaiserliche Post am Hühnerposten. Selbst für die Kohlenbeförderung von

Schaffnerinnen bei der Hamburger Straßenbahn [3]

St. Pauli–Fischmarkt eignete sich die Straßenbahn. 1916 begannen die ersten Einschränkungen. Der Mangel an Rohstoffen und vor allem an Buntmetall machte sich stark bemerkbar. 50 000 kg Kupfer wurden kurzerhand beschlagnahmt. Schadhafte Wagen konnten nicht schnell genug repariert werden.

Je länger der Krieg dauerte, um so schwieriger wurde die Betriebsführung. Es fehlte an Strom und Kohle, so daß der Fahrplan am Tage stark reduziert werden mußte; am Abend sah man sich gezwungen, den Betrieb frühzeitig einzustellen.

Schaffnerin bei der Centralbahn [3]

Ab 1916: Frauen an der »Kurbel« [3]

Vom 18. April bis zum 7. Mai 1918 ruhte der Straßenbahnverkehr in Hamburg wegen eines Streiks der Kohlenarbeiter im Ruhrgebiet vollends. Alles, was Räder hatte und durch Menschenkraft oder durch Tiere bewegt werden konnte, hatte zur Lösung des schwierigen Transportproblems beizutragen. Es mag wohl wie zur Stunde Null zugegangen sein.
Die Revolution im November des Jahres machte den völligen Zusammenbruch deutlich. Die Angestellten forderten jetzt ihrerseits den 8-Stunden-Tag und weitere Lohnerhöhungen. Zur Beendigung der Konfliktsituationen verhandelte erstmalig die *Straßen-Eisenbahn-Gesellschaft* gemeinsam mit dem Vorstand der *Hamburger Hochbahn Aktiengesellschaft* mit der Arbeitnehmerseite.

Angehörige des Betriebshofes Krohnskamp im fünften Kriegsjahr, 1918 [3]

Die große Vereinigung und was danach kam

Gleich zu Beginn des Jahres 1918 gab es erste Anregungen über eine Verschmelzung der HHA mit der *Straßen-Eisenbahn-Gesellschaft* mit recht positivem Ergebnis. Der Hamburger Senat konnte diese »Vereinbarungen« am 28. Januar 1918 der Bürgerschaft mitteilen. Durch Verträge wurde die HHA nun zu einem gemischt-wirtschaftlichen Unternehmen in Form einer Aktiengesellschaft unter Erhöhung des Aktienkapitals von 15 Millionen auf 63 Millionen umgewandelt. Die S.E.G. konnte noch bis Ende 1918 ihre Strecken auf Kosten der HHA betreiben, dann wurde sie ganz übernommen. Fusionsverhandlungen der HHA mit der *Centralbahn-Gesellschaft*, die zwischen Hamburg und Altona verkehrte, blieben dagegen erfolglos.

Die Nachkriegsjahre waren gekennzeichnet von Unruhen, Streiks (z. B. vom 12.–21. Februar 1919), Verkehrseinschränkungen wegen Materialmangels und totalem Stillstand wegen Kohlenmangels vom 18. April bis zum 16. Mai 1919. Seit September 1920 sah man erstmals Straßenbahnen mit Briefkästen. Allen Zügen, die den Hauptbahnhof oder den Stephansplatz berührten, durften Eilbriefe oder Telegramme mitgegeben werden. In ganz bescheidenem Maße begann im Jahre 1922 der Neubau der Strecke von der Hamburger Straße über Elsastraße bzw. Rönnhaidstraße bis Stadtpark.

Am 31. Dezember 1922 war die Konzession für die *Centralbahn-Gesellschaft* abgelaufen. Da sie – wie schon erwähnt – eine gut frequentierte Linie betrieb, arbeitete sie bis zuletzt mit Überschuß. Nach der Übernahme der Betriebsmittel und Anlagen durch die HHA am 1. Januar 1923 wurden jedoch viele ihrer Gleise in Altona ausgebaut. Dort waren es zumeist Rationalisierungsgründe, da beide Gesellschaften oftmals parallel laufende Straßenzüge für ihren Betrieb separat benutzten. Aber nicht nur in Altona begann ein Abbau der Straßenbahn. Aufgrund des wirtschaftlichen Niedergangs verkehrten am Ende des Jahres 1923 von den ehemals 40 Linien (bzw. 41, wenn man die Zentralbahn hinzuzählt) nur noch 27. In insgesamt 15 Betriebshöfen waren beheimatet: 837 Triebwagen, 645 Anhänger, 114 Spezialwagen, wie Arbeits-, Sand-, Salz- oder Schienenschleifwagen.

Verleihungsurkunde

über die Berechtigung zur Übernahme, zum Bau und zum Betrieb von Verkehrsunternehmen in dem Gebiet des Hamburgischen Staates.

A. Allgemeine Bestimmungen.

§ 1.

Träger der Verleihung.

Die Verleihung erfolgt an die Hamburger Hochbahn Aktiengesellschaft, nachstehend „die Gesellschaft" genannt, die ihre Satzungen entsprechend ändert. Diese Änderung der Satzungen sowie jede nachträgliche Änderung bedarf der Genehmigung des Senats.

§ 2.

Gegenstand der Verleihung.

1. Der Hamburgische Staat verleiht der Gesellschaft folgende Berechtigungen:

a) das Recht zum Betriebe von Schnellbahnen und elektrisch betriebenen Güterbahnen im hamburgischen Gebiet;

b) das Recht zum Bau und Betriebe von Straßenbahnen im hamburgischen Gebiet:

c) das Recht zur Übernahme aller im hamburgischen Gebiet liegenden Straßenbahnen aus der Hand des Staates nach Ausübung seines Heimfallrechts; ferner das Recht, auf diesen Straßenbahnen den Betrieb zu führen, jedesmal von dem ersten Zeitpunkt ab, an dem für jede Bahn die vom Hamburgischen Staat gegebene Konzession abläuft, sowie zur Errichtung aller Anlagen, die zur Fortführung des Betriebes gebraucht werden;

d) das Recht zur Einrichtung und zum Betriebe von Kraftwagenlinien;

e) das Recht zum Anschluß von Straßenbahnen und Schnellbahnen in und um Hamburg und zur Einführung eines Durchgangsbetriebes auf diesen und auf den eigenen Linien;

f) das Recht zum Betriebe der Alsterdampfschiffahrt und der Hafenfähren.

2. Der Hamburgische Staat behält sich durch überwiegenden Aktienbesitz Einfluß auf die Gesellschaft vor. Ein ausschließliches Recht zum Betriebe der vorstehend unter 1 bezeichneten Verkehrsunternehmen wird der Gesellschaft nicht erteilt.

3. Von der Verleihung ausgenommen sind die elektrische Kleinbahn Altrahlstedt—Volksdorf, die Billwärder Industriebahn sowie die auf dem hamburgischen Landgebiet bestehenden oder noch anzulegenden Kleinbahnen, mit Ausnahme der Straßenbahnen.

4. Der Betriebsvertrag vom 25. Januar 1909 mit allen ihm vorangehenden und auf ihn bezüglichen Abmachungen und die Nachträge dazu vom 12. November 1913 und vom 30. August 1915 gelten mit dem Inkrafttreten dieser Verleihungsurkunde als aufgehoben und werden durch sie ersetzt.

5. Ebenfalls werden der mit der Straßen-Eisenbahn-Gesellschaft in Hamburg bestehende General-Konzessionsvertrag vom 1. Dezember 1890 nebst allen späteren Nachträgen sowie der Vertrag über die Dampfschiffahrt auf der Alster vom 21. Dezember 1907 mit dem Tage der Übernahme dieser Betriebe durch die Hamburger Hochbahn Aktiengesellschaft außer Geltung gesetzt.

Auszug aus dem Vertrag zwischen der Finanzdeputation der Freien und Hansestadt Hamburg und der Hamburger Hochbahn Aktiengesellschaft [3]

Die schnell zunehmende Inflation erlaubte auf geldlichem oder lohnpolitischem Gebiet immer nur für wenige Tage gültige Maßnahmen. In einer der vielen Lohnverhandlungen wurde vom Betriebsrat der HHA die Tatsache geltend gemacht, daß für den damaligen Wochenlohn nur ein Brot und ein halbes Kilogramm Margarine gekauft werden konnten.

Als im Herbst des Jahres 1923 die Inflation ins Uferlose gestiegen war, entschloß sich die HHA-Geschäftsleitung, die Einzelfahrpreise auf einen Grundpreis von 10, 15 und 20 Pfennig festzulegen, der mit einem jeweils amtlich herausgegebenen Multiplikator vervielfältigt wurde. Der Multiplikator ist dann bis auf eine Billion gestiegen, so daß die Einzelfahrpreise im Dezember 1923 100, 150 und 200 Milliarden betragen haben. Mit der Einführung der Goldmark (Rentenmark) konnte auf die Einzelfahrpreise von 10, 15 und 20 Pfennig zurückgegangen werden. Im ganzen sind die Fahrpreise von Anfang 1918 bis Ende 1923 nicht weniger als 62mal erhöht worden.

So langsam, wie der Betrieb in den letzten neun Jahren zurückgegangen war, so schnell wurde wieder am Aufbau des Straßenbahnnetzes gearbeitet. Es begannen »normale« Zeiten, in denen die Anforderungen an den Straßenbahnverkehr gewaltig stiegen. Man kann in alten Zeitungen ständig von überfüllten Wagen lesen. Die Wagenfolge mußte beträchtlich verdichtet werden. Um das zeitraubende Wenden an den Endstationen durch Umkoppeln zu vermeiden, wurden nun Endschleifen gebaut. Neue, moderne Betriebsbahnhöfe konnten in Lokstedt, am Krohnskamp und in Langenfelde eröffnet werden; die jetzt ständig neu angeschafften Wagen erhielten endlich die erforderlichen Abstellflächen. Zu dieser Zeit wurde eine Reihe von Vororten an das Straßenbahnnetz angeschlossen: Marienthal (1925), Dulsberg, Farmsen, Horner Rennbahn, Billbrook und der Flughafen. Wo neue Wohnsiedlungen entstanden, war es den Menschen nicht zuzumuten, extrem lange Fußwege zu machen. Gleichzeitig liefen Versuche mit neuen, großräumigen Vierachsern an (1928), die die Typenbezeichnung V2 erhielten. Es gab Stoffsitze und getrennte Raucher- und Nichtraucherabteile, während andererseits im Jahre 1929 alle »Chinesenwagen« der Zentralbahn auf dem Schrottplatz landeten.

Die »Chinesenbahn« auf dem Abstellgleis, 1929 [3]

112 Einmannwagen der Linie 12 im Jahr 1924 [3]

Vierachsiger Triebwagen, Typ V2 im Jahr 1928 [3]

114 Linie 22 in der Dammtorstraße, im Jahr 1925 [7]

Mönckebergstraße 1929: Reger Straßenbahnverkehr [7]

(Rückseite)

Nach erfolgtem Übergang

auf der Straßenbahn gültig bis zum Endpunkt der Anschlußlinie, in Richt. Wilhelmsburg jedoch nur bis zur Landesgrenze.

In Ohlsdorf ist nur auf Grund einer auf den Haltestellen Ochsenzoll (Oz), Langenhorn-Nord (Ln), Langenhorn-Mitte (Lm), Langenhorn-Süd (Ls), Fuhlsbüttel (Fu), Klein-Borstel (Kb) gelösten Übergangsfahrkarte der Übergang zur Straßenbahn und die Weiterfahrt **in Richt. Barmbeck** gestattet. **Rückfahrten in Richtung nach dem Ausgangspunkte d. Hochbahnfahrt sind unzulässig.**

Die Übergangsberechtigung erlischt venn der Fahrgast nicht innerhalb einer Stunde nach Ausgabe der Fahrkarte bergegangen ist.

Durch Lösen der Fahrkarte unterwirft der Fahrgast den Beförderungsmmungen.

Hamburger Hochbahn Aktiengesellschaft.

(Vorderseite.)

Hochbahn — Hamburger Hochbahn Akt.-Ges.

A P Z U

Gültig für eine ununterbrochene Fahrt in der Hochbahn bis zur gekennzeichneten Haltestelle und dort zum

Übergang auf die Straßenbahn

		Schlump	Sl
Barmbeck	Ba	Hoheluftbr.	Ho
Dehnhaide	De	Eppendorferb.	Ep
Wagnerstraße	Wg	Sierichstraße	Si
Mundsburg	Mu	Stadtpark	Sa
Uhlandstraße	Uh	Christuskirche	Ch
Lübecker Str.	Lu	Emilienstraße	Em
Berliner Tor	Bt	Osterstraße	Os
Hauptbahnhof	Hb	Hellkamp	He
Rathausmarkt	Ra	Hudtwalckerst.	Hu
Rödingsmarkt	Rd	Lattenkamp	La
Baumwall	Bl	Ohlsdorf	Oh
Landungsbrck.	Lb	Spaldingstraße	Sp
Millerntor	Mi	Süderstraße	Ss
Feldstraße	Fe	Brückenstraße	Bk

Ud — Rückseite beachten!

Besondere Pflichten des Wagenführers.

1. Der Führer hat sich vor Beginn der Fahrt von der Betriebsfähigkeit seines Wagens und insbesondere von dem ordnungsmäßigen Zustande der Bremsen und der maschinellen Einrichtungen zu überzeugen.

2. Der Führer muß von einem vorauffahrenden Zuge einen solchen Abstand einhalten, daß er, sobald jener Zug zum Stillstand gebracht wird, mit Sicherhalt halten kann, ohne ihn anzufahren.

3. Der Führer darf während der Fahrt seinen Platz nicht verlassen und sich nur an den Endstationen und nur mit Zustimmung des Schaffners vom Wagen entfernen. Er muß dann aber vorher durch Abnehmen der Kurbeln, die dem Schaffner zu übergeben sind, durch Anziehen der Handbremse und erforderlichenfalls durch sonstige Maßnahmen verhüten, daß der Wagen sich in Bewegung setzt oder durch Unbefugte in Bewegung gesetzt werden kann.

4. Der Führer hat seine ganze Aufmerksamkeit auf die Führung des Wagens zu richten; er darf sich mit den Fahrgästen nicht unterhalten, auch einem Fahrgaste die Bedienung des Regulators, der sonstigen elektrischen Einrichtungen, der Bremse oder der Alarmglocke nicht überlassen.

Fahrkarte und Reglement aus dem Jahr 1927 [10]

Linie 18 in der Eppendorfer Landstraße, Einmündung Martinistraße, 1925 [7]

Linie 34 im Jahr 1925. Sie verkehrte zwischen Harburg (Hbf) über Heimfelder Straße bis Vahrenwinkelweg. [7]

Linie 40 im Jahr 1927. Sie verkehrte damals zwischen Hammer Park und Bahrenfeld (Rennbahn 1). [2]

Im Jahre 1930 verkehrten dann endlich wieder alle 40 Linien mit Ausnahme der Linie 37. Sie, die nach Übernahme der Zentralbahn eine Hauptlinie war und teilweise sogar durch eine Sonderlinie alle fünf Minuten verkehrte, wurde durch die Linie 31 allmählich verdrängt und 1927 ganz eingestellt.

Auf kommunalem Sektor gab es im Hamburger Umland zwischenzeitlich einige Umstellungen. Hamburgs Nachbarstädte wurden durch Eingemeindungen im Jahre 1927 zu Großstädten. So gab es seit diesem Jahr die Bezeichnungen Groß-Altona, Groß-Wandsbek, Harburg-Wilhelmsburg. Im Jahre 1928 führte die fruchtbare Zusammenarbeit der Häfen Hamburg, Altona und Harburg zu einem Vertrag, der *Hamburg-Preußischen Hafengemeinschaft.*

Leider war die anbrechende Konjunktur in der Hamburger Wirtschaft und im Hamburger Verkehrswesen nur sehr kurz. Die Wirtschaftskrise machte alle Illusionen zunichte. 1931 waren in Hamburg 121 000 Menschen arbeitslos, 1932 waren es bereits 173 000, das waren 13 % der gesamten arbeitenden Bevölkerung. Mehr als ein Drittel des Staatshaushaltes mußte für Unterstützungen ausgegeben werden. Der Verkehr ging im Jahre 1932 gegenüber dem Vorjahr um rund 20 % zurück, von den 40 Linien des Jahres 1930 verkehrten jetzt wieder nur noch 31 Linien. Trotzdem meldete im Jahre 1932 die Straßenbahn einige Verbesserungen. Die Strecke bis Horner Rennbahn wurde fertig, und mehrere Strecken in Harburg und Altona baute man zweigleisig aus.

Die Verkehrszahlen im Jahre 1933 waren mit Ausnahme der Inflationsjahre 1922 und 1923 die niedrigsten seit der Gründung des gemischt-wirtschaftlichen Unternehmens. In jenem Jahr mußte die HHA auch einen neuartigen 10-Pfennig-Sondertarif für Erwerbslose einführen, wobei jedoch ein nennenswerter Verkehrszuwachs nicht festzustellen war. Auf einzelnen Linien der Straßenbahn wurde erstmalig der Einmannbetrieb eingeführt. Das gesamte Fahrpersonal erhielt Fahrscheingeber (System Weninger).

Die Umstellungen und Verbesserungen im Straßenbahnbetrieb zwischen 1933 und 1939 waren nur geringfügig. Im Jahre 1935 wurde das traditionsreiche »Dachzeichen«, an dem jeder in den letzten 40 Jahren »seine« Linie schon aus weiter Ferne erkannte, abgeschafft; die farbige Zielschildbeschriftung verschwand schon seit 1916 Zug um Zug bei Linienänderungen. (Siehe auch Rückseite des Schutzumschlages.)

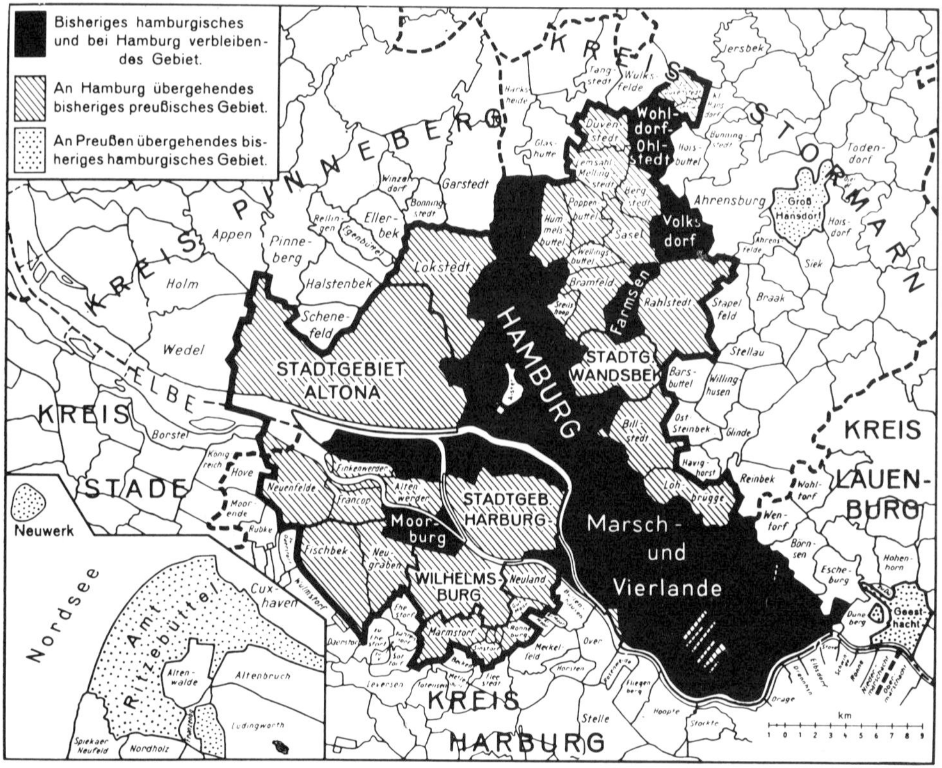

Die Auswirkungen des Groß-Hamburg-Gesetzes von 1937 [8]

Durch das Groß-Hamburg-Gesetz vom 4. 10. 1937 wurden unter anderem die Nachbarorte Altona, Wandsbek und Harburg der Stadt Hamburg eingemeindet. Diese Tat machte es notwendig, den Überlandtarif der Straßenbahn nach Harburg, Wilhelmsburg und Farmsen aufzuheben. Neu eingeführt wurden in diesem Zusammenhang Übergangswochenkarten zwischen Hochbahn und Straßenbahn mit der Berechtigung zum Umsteigen auf der Straßenbahn für 2,50 Mark. (Einzelkarten zum Übergang Hochbahn/Straßenbahn gab es schon seit 1920.) Die Straßenbahn unterhielt im Jahre 1938 wieder 33 Linien.

 1935: Die Straßenbahn in Hamburg letztmalig mit Dachzeichen [3]

35
35 35
35
Freihafen · Veddel · Heidenkampsweg · Kuhmühle · Winterhude
Krohnskamp
FLORA
2422
2422
FLORA

 1936: Die Straßenbahn als Medium für Produktwerbung. . . [3]

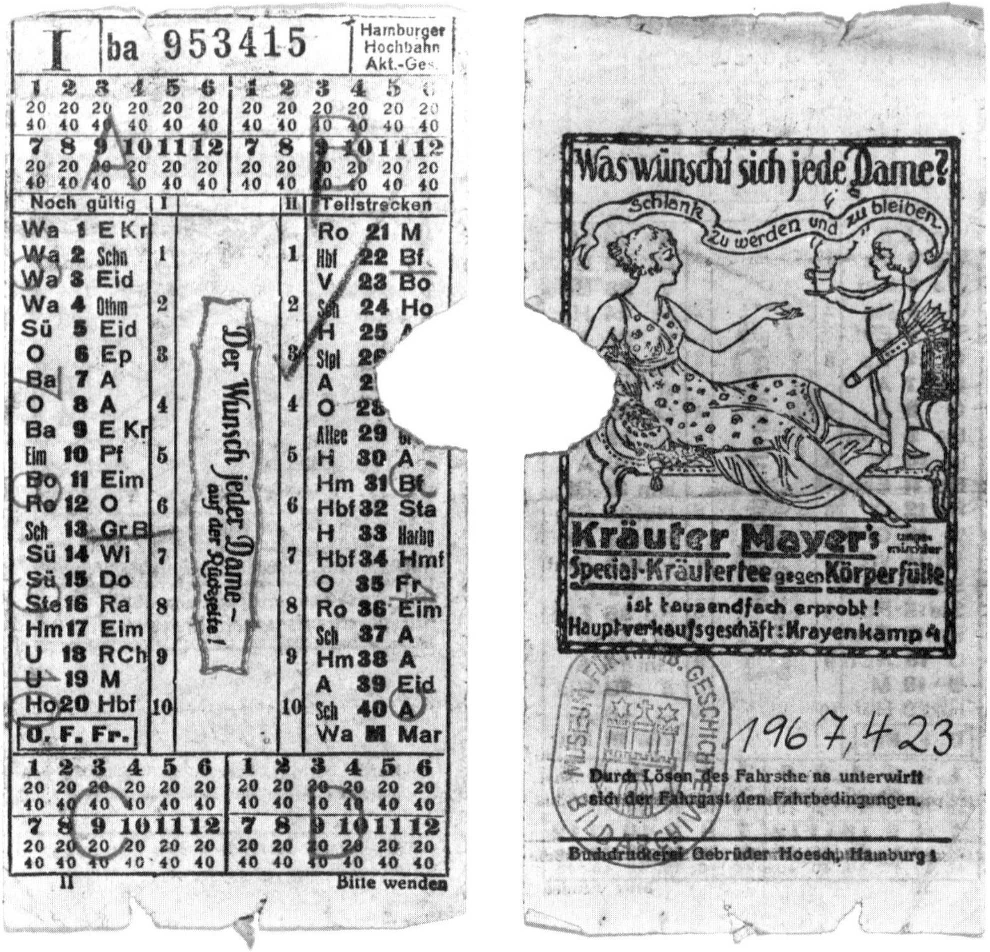

..., oder auch der Straßenbahnfahrschein [1]

Der zweite Weltkrieg und seine Auswirkungen

Der Kriegsausbruch im Jahre 1939 war lange befürchtet worden, traf aber jedermann unvorbereitet. Für die Hamburger Hochbahn Aktiengesellschaft hatte der Tag X noch keine einschneidenden Folgen. Natürlich gab es neben der Verdunkelungspflicht noch einige Betriebseinschränkungen am Abend, die traditionellen farbigen Ecklaternen erloschen für immer, Soldaten erhielten ermäßigte Fahrkarten (sie bezahlten 10 oder 15 Pfennig), und Verwundete fuhren frei. Unmittelbar zum Kriegsbeginn wurden 1646 Männer der HHA einberufen. Dafür mußten in Kürze mehrere hundert Frauen eingestellt werden. Ein Jahr danach, im Jahre 1940, gab es schon die ersten geringen Schäden durch Luftangriffe. Der Straßenbahnbetrieb wurde anstelle des 10-Minuten-Verkehrs grundsätzlich auf den 12-Minuten-Verkehr umgestellt. Als Sparmaßnahme sind von den 2200 Straßenbahnhaltestellen 276 aufgegeben worden. Im Jahre 1941 nahmen die Betriebsschwierigkeiten infolge des Krieges stark zu. Es fehlte vor allem an männlichem Personal, so daß mehr und mehr Frauen »dienstverpflichtet« werden mußten, vor allem für den Schaffnerdienst. Der Arbeitsverdruß des weiblichen Personals war besonders stark. Die Krankheitsausfälle reichten in dieser Gruppe bis zu 30 %. Deshalb beorderte man einfach 130 BDM-Mädchen und 251 Arbeitsmaiden (Reichsarbeitsdienst) zum Schaffnerdienst.

Der Straßenbahnfahrplan wurde noch einmal umgestellt, und zwar vom 12-Minuten- auf den 15-Minuten-Verkehr. Im Geschäftsbericht der Hamburger Hochbahn ist ferner zu lesen, daß die Unsitte des Schwarzfahrens sehr zunahm – durch die Verdunkelung in den Morgen- und Abendstunden begünstigt. Andererseits stieg der Verkehr, besonders der Berufsverkehr, wegen starker Beschäftigung in den kriegswichtigen Betrieben. Um so erstaunlicher klingt es, daß mitten im Krieg der zweigleisige Ausbau der Strecke nach Harburg vorgenommen und der Bau von Schleifen an den Endpunkten der Straßenbahnlinien weitergeführt wurde, eine Vorbedingung für die Einführung von »Stirnwagen« mit nur einem Fahrerstand und mit Ein- und Ausgängen nur an einer Seite. Auch die Neubeschaffung lief weiter. Die HHA erhielt 14 Beiwagen und einen Triebwagen, jedoch nicht nach dem Muster des »Reichs-Einheitswagens«, der im Reichsgebiet seinerzeit vorgeschrieben war.

Versuchswagen, Typ V4, im Jahr 1940 geliefert. 1943 durch Bomben zerstört (siehe auch Seite 129). [3]

Im Jahre 1942 stieg der Verkehr bei der *Hamburger Hochbahn Aktiengesellschaft* um rund 14 % bei insgesamt 28 betriebenen Straßenbahnlinien. Jetzt waren schon mehrere hundert Arbeitsmaiden im Fahrdienst beschäftigt. Ihre Arbeitsmoral war besonders ausgeprägt, der Krankenbestand nur 7 % gegen 27 bis 30 % bei den übrigen Frauen.

Am 1. Oktober 1942 wurde zur leichteren Einarbeitung von Aushilfskräften ein vereinfachter Tarif eingeführt. Dieser neue Tarif sah nur 15 Fahrscheinsorten (ohne Walddörfer Bahn) gegen bisher 128 Fahrscheinen/Tarifstufen vor.

Weil andere Transportmittel fehlten, wurde wieder – wie seinerzeit im ersten Weltkrieg – auf mehreren Straßenbahnlinien ein Güterverkehr für Gemüse und Frachtgüter eingerichtet.

Zerstörte Gemüsemarkthalle mit Straßenbahnwagen für den Güterverkehr [5]

Das Jahr 1943 war für Hamburg ein Katastrophenjahr und wird als solches in die Geschichte eingehen; besonders wegen der ungeheuerlichen Fliegerangriffe am 24., 25., 27., 28., 29. und 30. Juli sowie am 2. und 3. August. In einem Feuersturm ohne Beispiel sank die Hälfte dieser großen, lebendigen Stadt in Schutt und Asche. 55 000 Menschen ließen an den genannten Tagen und Nächten ihr Leben.

Bei der Straßenbahn gingen 431 Trieb- und Beiwagen völlig in Trümmer, 1048 Trieb- und Beiwagen wurden beschädigt. 124 sonstige Fahrzeuge wurden zerstört oder beschädigt. Auch die Gleisanlagen und besonders die Fahrleitungen haben stark gelitten, ebenso die Betriebshöfe und Werkstätten. Die Betriebsbahnhöfe Horn, Mesterkamp, Rothenburgsort und Süderstraße brannten aus.

Betriebsbahnhof nach Bombenangriff mit zerstörtem Triebwagen V4 [3]

Torso des Betriebshofes Sandweg in Eimsbüttel (Aufnahme aus dem Jahr 1949) [3]

In den ersten Tagen nach der Katastrophe ruhte der öffentliche Verkehr vollständig. Die noch betriebsfähigen Autobusse dienten dazu, obdachlose Hamburger zu evakuieren, ein Elendszug ohnegleichen. Der Straßenbahnbetrieb wurde zuerst in Harburg und am 11. August nach Schnelsen wiederaufgenommen und erreichte am 9. Oktober 1943 den Jungfernstieg, am 13. Oktober die Mönckebergstraße. Nach und nach gab es weitere Lichtblicke in der zertrümmerten Welt. Gegen Jahresende verkehrten zwölf zum Teil verkürzte Linien (gegen 28 Linien vor der Katastrophe). Um mit dem vorhandenen Wagenpark und der geschwächten Belegschaft mehr leisten zu können, wurde der Haltestellenabstand nochmals durch Aufhebung und Verlegung von Haltestellen vergrößert.

Auch 1944 hörten die Luftangriffe nicht auf. Schäden entstanden vor allem in Harburg und in Wilhelmsburg, ebenso in der Mönckebergstraße, wo der Verkehr über Hermann- und Ferdinandstraße umgeleitet werden mußte. 40 Wagen wurden beschädigt, hauptsächlich Glasschäden. Ab 1. September 1944 gab es bei der Straßenbahn nur noch Einzelfahrscheine zum Einheitspreis von 20 Pfennig (ohne Umsteigeberechtigung).

Unter dem Eindruck der Kriegsereignisse wurden 1944 in Hamburg die ersten Frauen zu Straßenbahn-Führerinnen ausgebildet. Hier bei praktischen Übungen am Verschiebewagen. [5]

132 Auch das Umstellen der Weichen will gelernt sein [5]

Die Straßenbahn wurde in zunehmendem Maße für den Güterverkehr eingesetzt, da immer mehr Lastwagen wegen Treibstoffmangels und schadhafter Bereifung ausfielen. Für diesen Zweck wurden mehrere Reichsbahnanschlüsse hergestellt. 200 Untergestelle von beschädigten Triebwagen wurden zu Kastenloren, zum Teil als Kippwagen und gedeckte Wagen, umgebaut. Auch Personenwagen wurden zum Gütertransport benutzt, nachdem in der Großen Allee ein Sammelschuppen hergestellt war. Zeitweise mußten Straßenbahn-Triebwagen auch als Zugmaschinen für Lastkraftwagen und Anhänger dienen.

Gütertransport durch die Straßenbahn kurz vor der Altmannbrücke (Hbf), rechts im Bild das Museum für Kunst und Gewerbe. [3]

Am 3. Mai 1945 rückten englische Truppen in die zerstörte Hansestadt ein. Die Verwaltung der HHA ging über in die Hände der Militärregierung. Und das ist die Bilanz des verlorenen Krieges auf dem Sektor Straßenbahn in Hamburg: Von den 15 Straßenbahn-Betriebshöfen waren vier völlig, 10 teilweise zertrümmert. Auch die Werkstätten in Falkenried waren stark beschädigt. Von den 766 Straßenbahn-Triebwagen waren 282 zerstört, in Betrieb nur 484; von 846 Straßenbahn-Beiwagen waren 238 kaputt, in Betrieb waren nur 608.

Erst am 16. Mai 1945 durfte der Straßenbahnbetrieb (wo es möglich war) von 6 bis 21.30 Uhr durchgeführt werden. Es waren nur 14 Linien, eine bescheidene Anzahl gegenüber dem Vorkriegsstand von 33 Linien, und zwar:

Linie 1	Bramfeld–Hellbrook–Jüthorn
Linie 6	Ohlsdorf–Barmbek Zoll/ und Hauptbahnhof–Sievekingsplatz
Linie 8	Holzmühlenstraße–Farmsen–Trabrennbahn
Linie 12	Hauptbahnhof–Bahrenfeld–Volkspark
Linie 14	Millerntor–Groß Borstel
Linie 16	Billstedt–Lombardsbrücke–Hagenbecks Tierpark
Linie 18	Alsterring über Lombardsbrücke
Linie 19	Mundsburg–Großmannstraße–Billekanal
Linie 22	Tonndorf–Lombardsbrücke–Rothenbaumchaussee–Schnelsen
Linie 27	Alsterchaussee–Hochrad (nicht aber zwischen Bf Altona und Bahrenfelder Straße)
Linie 28	Rathausmarkt–Flughafen
Linie 31	Billstedt–Hauptbahnhof–Lange Mühren
Linie 33	Alte Landesgrenze–Veddel–Eidelstedt
Linie 35	Bahnhof Veddel–Goldbekplatz

Im September 1945 konnte endlich auch bis Harburg gefahren werden, und im November fuhren die Straßenbahnen wieder durch die Mönckebergstraße.

Es kam das Jahr 1946 – eine entsetzliche Zeit des Elends für die Stadt. Trotzdem wurde weiter am Straßenbahnnetz geflickt. So konnte die Linie 6 zwischen Barmbek Zoll und Hauptbahnhof verbunden werden, im Mai fuhren die Menschen wieder mit der Linie 19 bis Billbrook. Die Linie 22, die wegen der umfangreichen Zerstörungen am Grindelberg und in der Grindelallee über Rothenbaumchaussee umgeleitet war, konnte wieder auf ihre alte Strecke zurückverlegt werden. Die Linie 30 verkehrte ab Dezember 1946 zwischen Treskowallee und Langenfelde, und die wegen ihrer außergewöhnlichen Länge zwischen Harburg und Eidelstedt sehr verspätungsanfällige Linie 33 wurde aufgeteilt. Sie verkehrte fortan nur vom Hauptbahnhof nach Harburg, während die Strecke Hauptbahnhof–Eidelstedt als Linie 3 weiterbetrieben wurde.

Um den riesigen Trümmerbergen auf den Leib zu rücken, wurde für die Abfuhr von Bombenschutt in verstärktem Maße die Straßenbahn eingesetzt. Mit 60 Muldenkipp- und Kastenwagen wurde in zwei Schichten gefahren. Die Schuttzüge rollten auf besonderen Gleisen an die Ablagestellen. Monatlich kamen so bis zu 30 000 Tonnen Schutt aus der Stadt heraus, teils nach Bahrenfeld zur Auffüllung von Kies- und Sandgruben und zur Geländeaufhöhung am dortigen Friedhof, teils an das Altonaer Elbufer, wo der Schutt auf Elbschuten abgeladen und auf dem Wasserwege abgefahren wurde.

Dagegen gab die HHA den Straßenbahn-Stückgutverkehr im November 1946 wieder auf, weil er wegen des mehrfachen Umladens unwirtschaftlich geworden war.

Wie Karl Bartels, seinerzeit Straßenbahnführer, diese Zeit erlebt hat, beschreibt er selbst: »Es war damals eine schlimme Zeit. Schwarzmarktgeschäfte wurden vielerorts getätigt. Hamsterer und Kohlenklauer waren ein großer Teil unserer Fahrgäste. Aber ehrlich gesagt, waren diese ›Tätigkeiten‹ auch für uns alle eine wichtige Nebenbeschäftigung, um zu überleben. Schlimm war die Zeit, so daß ich auch einmal beinahe überfallen wurde. Derartige Überfälle waren in jenen Tagen fast an der Tagesordnung. Vielfach beschränkten sich die Gauner aber darauf, die Bekleidung, die man auf dem Körper trug, zu stehlen. Neben der starken Überfüllung gab es dadurch auch Trittbrettfahrer, die sich sogar auf den Rammbügel zwischen Triebwagen und Anhänger stellten, um mitzufahren. Sehr, sehr leichtsinnig und heute undenkbar, aber damals? . . .«

Zu dem Hunger und dem Elend kam der schreckliche Winter 1946/47. Die Temperaturen sanken bis minus 28 Grad. 85 Menschen erfroren in Hamburg. »Die Krise in Hamburg hat ein unerträgliches Ausmaß erreicht«, schrieb Bürgermeister Max Brauer an die britische Militärregierung.

1946: Als Trittbrettfahrer unterwegs [4]

Trümmerbeseitigung durch die Straßenbahn [3]

1946: Glasscheiben für Straßenbahnen sind noch Mangelware. Im Hintergrund die zerstörte Halle des Hauptbahnhofes. [3]

Im Straßenbahnbetrieb mußten wieder vermehrt Frauen eingestellt werden. Stromsperren führten zeitweilig zu erheblichen Verkehrseinschränkungen. Und der Frost dauerte an bis zum 13. März 1947. Der Fahrplan war nur mit Mühe aufrechtzuerhalten, ebenso bei den Überschwemmungen, die mit dem Tauwetter eintraten. Von 245 Triebwagen fielen im März 120 wegen Isolierungsschäden aus. Der Straßenbahnbetrieb mußte eingestellt werden.

Im Frühjahr 1947 konnte der Stadtteil Rothenburgsort an das Straßenbahnnetz angeschlossen werden, und im November wurde die Linie 19 über Mundsburg hinaus bis zum Schützenhof in Barmbek verlängert. Es gab jetzt 19 Linien mit 270 Haltestellen. Durch Wiederherstellung erhöhte sich das »rollende Material« im Laufe des Jahres auf 330 Triebwagen und 520 Beiwagen. Die Glasfenster, die im Kriege vielfach durch Holz oder Pappe ersetzt waren, konnten endlich wieder eingesetzt werden. In Falkenried wurde eine große Akku-Lokomotive für die Schuttabfuhr gebaut; ferner begann man mit der Herstellung je eines neuen vierachsigen Trieb- und Beiwagens, die nur einseitig Türen hatten, bestimmt für den Betrieb auf Linien mit Endschleifen.

1946: Vierachs-Triebwagen, Typ V5 [3]

Eine Unsitte, die durch die Einführung neuartiger Straßenbahnen in Hamburg bald ein Ende finden sollte [5]

Das Jahr 1948 brachte die Währungsreform; mit ihr waren plötzlich wieder Bau- und Betriebsstoffe aller Art zu erhalten. Auch der Personalbestand konnte wesentlich erhöht werden. Die Banken boten Anleihen an, und endlich sollte die Straßenbahn auch ihre dringend benötigten Großraumwagen erhalten. Und es

Nach der Währungsreform: Mit der Straßenbahn in eine hellere Zukunft [5]

142 Eröffnung der Linie 9 nach Bramfeld am 16. Mai 1948 [3]

war fast symbolisch, daß am ersten Pfingsttag des Jahres 1948 die Linie 9 girlandengeschmückt einen neuen Stadtteil, nämlich Bramfeld, erreichte. Das war ein Schritt auf dem Wege zur Bewältigung eines durch die Kriegsfolgen entstandenen Verkehrsproblems. Denn die Hälfte der früheren Citybewohner, die vor 1938 nur gelegentlich Fahrgäste der Straßenbahn waren, wohnte nun plötzlich am Stadtrand. Vom Zentrum der Stadt war nur ein mittlerer Kern übriggeblieben. Und in diesem Kern, dieser City, drängten sich über- und nebeneinander die meisten Hamburger Betriebe, ob Handel, Schiffahrt oder Industrie. Bis zu 240 000 Arbeitsplätze konzentrierten sich nur wenige Jahre nach dem Kriegselend innerhalb des Wallrings, dagegen wohnten jetzt in diesem Bereich nur noch 14 000 Menschen.

In jenen vierziger und fünfziger Jahren hatten zwei Drittel der gesamten arbeitenden Hamburger Bevölkerung die wenigen Haltestellen der Innenstadt am Morgen zum Ziel. Ein Ausgleich im Gegenverkehr fand jedoch nicht statt. Am Abend überschwemmte die gleiche Menge das wenige vorhandene Wagenmaterial. Die Belastung der einzigen Magistrale in der Hamburger Innenstadt, Mönckebergstraße, erreichte zwar nicht den Vorkriegsstand von 90 Wagen pro Stunde, aber mit 84 Zügen pro Stunde im Jahre 1955 war für die Mönckebergstraße das Maß übervoll.

Strukturwandel in der Bevölkerungsverteilung

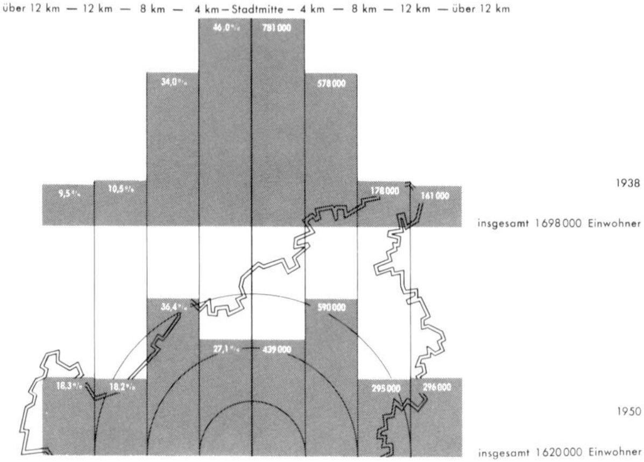

144 Mönckebergstraße in Hamburg im Jahr 1952 [4]

Seit 1951 prägte der Großraumwagen des Typs V6 das Bild der Hamburger Straßenbahn, nachdem der erste Zug am 5. Oktober 1949 in den Wagenpark eingestellt worden war. Die älteren Typen erhielten als Beitrag zum einheitlichen äußeren Erscheinungsbild einen roten Anstrich. Der Großraumwagen hatte in Amerika schon seit drei Jahrzehnten die kleineren Schienenkollegen von der Straße verdrängt und sich auch in europäischen Großstädten mit Erfolg durchgesetzt. Ein Wagen faßte ca. 100 Personen. Man stieg am Ende des Wagens ein, wartete im Auffangraum, bis man am festen Schaffnerplatz seine Fahrkarte gekauft oder eine gültige Karte vorgezeigt hatte, und ging dann im Fahrgastfluß zu den vorderen Türen, von denen sich eine in der Mitte und die andere vorne im Wagen befand. Hierdurch wurde der Gegenverkehr beim Ein- und Aussteigen durch dieselbe Tür vermieden, was die Haltezeit um mehr als 50 % verringerte.

In jener Zeit der Lebensfreude wurde auf den Tanzflächen gern die Samba getanzt. Es dauerte nicht lange und der V6-Triebwagen hieß im Volksmund »Sambawagen«, ein Zeichen, daß sich die Hamburger schnell mit diesem neuen System angefreundet hatten. Der Versuchszug und 62 Triebwagen entstanden in den HHA-Werkstätten, 40 weitere und 100 Beiwagen bei der Watenstedter Waggonfabrik Linke-Hoffmann-Busch.

Wirtschaftlichkeit der Straßenbahn-Großraumwagen

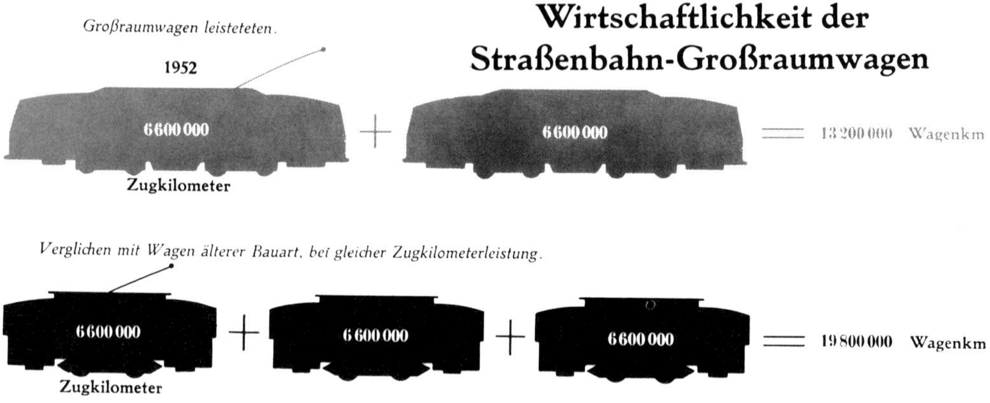

So war es einst – als Straßenbahnschaffner . . . [4]

. . . und so im »Sambawagen« [4]

Die letzten großen Tage der Straßenbahn

Im Jahre 1952 erreichte die Betriebsgleislänge der Straßenbahn bereits 80 % des Vorkriegsstandes. Die Beförderungsleistungen in diesem Jahr waren infolge der schon erwähnten Umschichtung der Bevölkerung gegenüber 1938 um 100 % angestiegen, denn die durchschnittliche Reiselänge hatte pro Fahrt um 50 % zugenommen.

Fuhren im Jahre 1938 nur 166 Millionen Fahrgäste relativ kurze Strecken mit der Straßenbahn, so waren es 1952 schon 250 Millionen, die jeweils längere Routen auf den bereits wieder vorhandenen 21 Linien befuhren. In den Falkenrieder Fahrzeugwerkstätten war der verbesserte Großraumwagen vom Typ V7 für serienreif erklärt worden. Die Industrie erhielt den Auftrag, 50 Trieb- und 30 Beiwagen zu liefern. Einem Gipfelstürmer gleich näherte die Straßenbahn sich jetzt dem Ziel. Im Jahre 1954 wurde das Wagenbeschaffungsprogramm für die »Sambawagen« abgeschlossen. Am 4. Juli waren die Jenfelder glücklich, endlich »ihre« Straßenbahn zu besitzen, die damit von Marienthal über Rodigallee als Linie 16 für die Direktverbindung sorgte. Der Alsterring, die geliebte Linie 18, mußte »aufgetrennt« werden, weil sie mehr und mehr verspätungsanfällig wurde. Andererseits erhielt durch diese Zäsur Groß Borstel endlich einen direkten Anschluß in die Innenstadt.

Nicht wenig erstaunt waren die Hamburger über einen Gelenkwagen der Straßenbahn (VG), der aber trotz seiner vielleicht wirtschaftlichen Vorteile nur wenig Gegenliebe fand. Es wurden aber immerhin 30 Wagen dieses Typs gebaut, bei denen Fahrgestelle kriegsbeschädigter Wagen verwendet werden konnten.

Das Jahr 1955 brachte noch einmal – ein letztes Mal – eine neue Straßenbahnverbindung, die 7 km lange Strecke nach Lurup, mit viel Musik nur wenige Meter außerhalb der Landesgrenzen von Hamburg begrüßt.

Ansturm auf die Linie 18 am Stephansplatz [5]

Jenfelder Sonntagspremiere: 1000 Menschen begrüßen am 4. Juli 1954 »ihre« Linie 16 [4]

Der Gelenkzug (VG) 1954 [3]

Die Eröffnung der Linie 1 nach Lurup am 29. Oktober 1955 [3]

Der Endstation entgegen

Den Aufbauplan für Hamburg von 1950 kommentierte Oberbaudirektor Sill noch so: »Die Verkehrsplanung sieht weiter einen neuzeitlichen Ausbau des Verkehrsnetzes der öffentlichen Nahverkehrsmittel, Straßenbahn, O-Bus, Autobus, insbesondere aber des Netzes der Hoch- und Untergrundbahnen vor.«
Alles schien sich in jener Aufbauphase in dem gewohnten, bewährten Rahmen zu bewegen. Zur Jahreswende 1953/54 durfte die HHA mit Stolz einen Rechenschaftsbericht vorlegen, in dem die Modernisierung der Straßenbahn in den Vordergrund gestellt wurde. Mit rund 300 neuen Straßenbahnwagen konnte zum Erstaunen der Fachwelt und zur Zufriedenheit der Kunden die Straßenbahn als »Phönix aus der Asche« präsentiert werden. Der Wagentyp V7 erwies sich als Straßenbahnwagen, der alle Eigenschaften vereinigte, die Technik, Kundendienst und rationale Überlegungen zuließen: breite Schwingtüren, große Linien-Nummer an der Stirnseite, gummigefederte Radsätze, moderne Beleuchtung, Vorhänge als Sonnenschutz, Fenster, die zur besseren Belüftung geöffnet werden konnten, übersichtliche Sitzplatzanordnung, und last not least erhielt der Fahrer in seiner anheimelnden abgeschlossenen Kabine einen elektrischen Weichenstellkontakt. (Im Jahre 1957 endete das großzügige Beschaffungsprogramm der HHA für den Typ V7 mit der letzten Lieferung von 40 Trieb- und 26 Beiwagen.)
Doch dann begannen sich die Ereignisse zu überstürzen. Waren es eben noch die »Sambawagen«, die Begeisterung fanden, so blieb die Tendenz, alles, aber auch alles Neue zu bejubeln und zu feiern, hierbei nicht stehen. Die Industrie bot den Omnibus an, der mit kundenfreundlichem Interieur lockte.
Der Bus konnte Eigenschaften aufweisen, die konträr zur Straßenbahn lagen. Er bestach durch seine Wendigkeit, sich neuen Verkehrsbedürfnissen anzupassen; Haltestellen konnten schnell eröffnet, aber ebenso auch wieder aufgegeben werden. Und das war neu in der Nachkriegsgeschichte: Die Menschen verloren mehr denn je ihre angestammte Seßhaftigkeit. Sie wurden mobil. Die Entfernungen zwischen Wohnung, Arbeitsstätte, Schule oder Ausbildungsplatz wurden größer und größer, und damit stieg der Anspruch auf eine optimale Verkehrsbedienung. Für diesen Wettlauf war die Straßenbahn nicht ge-

Der Hamburger Straßenbahnwagen vom Typ V7 im Jahr 1953 [3]

schaffen. Aber dieses Kriterium allein war es nicht, das der Straßenbahnexpansion mehr und mehr »im Wege« stand. Mit 33 Linien im Jahre 1938 zeigte die Hamburger Hochbahn noch ein Verkehrsnetz, das man als »geschlossen« bezeichnen konnte. In den Jahren 1948–1955 fuhren noch 19 Linien, 1956 waren es 18 und 1957 nur noch 17 Linien. Welche Situation zeichnete sich ab?

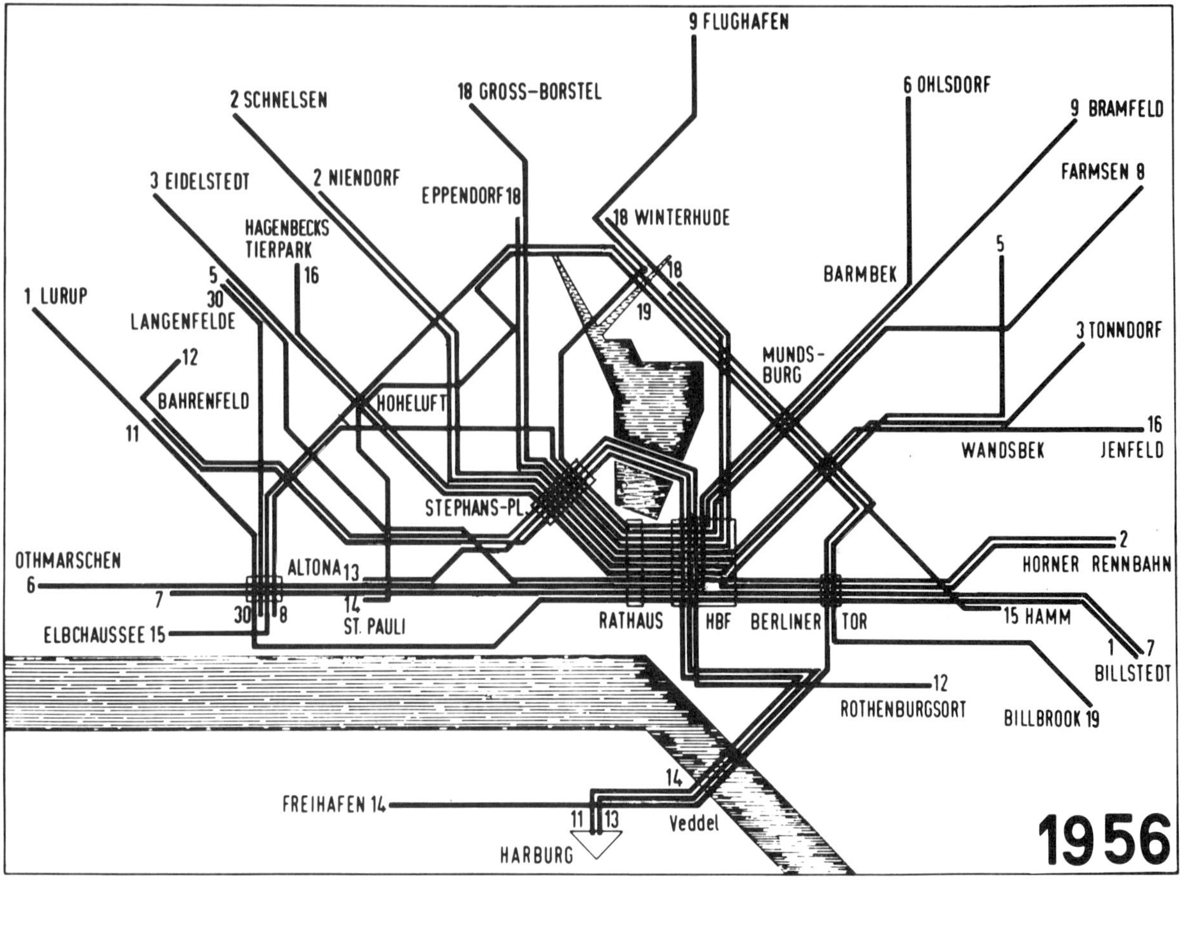
9 FLUGHAFEN
2 SCHNELSEN
18 GROSS-BORSTEL
6 OHLSDORF
9 BRAMFELD
3 EIDELSTEDT
2 NIENDORF
EPPENDORF 18
FARMSEN 8
HAGENBECKS TIERPARK
18 WINTERHUDE
5
1 LURUP
16
5
30
LANGENFELDE
18
19
BARMBEK
3 TONNDORF
12
MUNDS-BURG
BAHRENFELD
HOHELUFT
16
11
WANDSBEK
JENFELD
STEPHANS-PL.
2
HORNER RENNBAHN
OTHMARSCHEN
ALTONA
13
6
7
14
30
8
ST. PAULI
RATHAUS
HBF
BERLINER TOR
15 HAMM
ELBCHAUSSEE 15
1
7
BILLSTEDT
12
ROTHENBURGSORT
BILLBROOK 19
14
FREIHAFEN 14
11
13
Veddel
HARBURG
1956

Das Auto, der private Pkw, begann eine immer größere Rolle zu spielen. Zunächst ging es lediglich um Verkehrsbehinderungen. Parkende Autos oder »Linksabbieger« störten einen fahrplanmäßigen Straßenbahnbetrieb (die schon erwähnte Aufgabe des Ringverkehrs der Linie 18 war eine direkte Konsequenz aus dieser Misere). Doch dann tauchte erstmals die Vokabel »Verkehrsinfarkt« auf. Sollten unsere Städte im ständig steigenden Verkehr ersticken?

1957: Linie 9, Typ V5, mit Linksabbiegern am Hauptbahnhof [3]

Und so dramatisierten sich die Ereignisse in Hamburg:

1954	20	Mill. qm Straßenfläche bei 124 000 Autos =	62/10 000 qm
1959	21	Mill. qm Straßenfläche bei 209 000 Autos =	98/10 000 qm
1964	22,7	Mill. qm Straßenfläche bei 346 000 Autos =	152/10 000 qm

Der Ruf nach einer systematischen Verlagerung des Verkehrs in die »zweite Ebene« wurde lauter. U-Bahnen und die S-Bahn sollten das Rückgrat des öffentlichen Verkehrs werden.

Am 15. Oktober 1955 begannen die Bauarbeiten an der U-Bahnlinie Jungfernstieg–Meßberg–Hauptbahnhof.

Die ersten Stillegungen von Straßenbahnstrecken erfolgten in Harburg, weil die Erweiterung des dortigen, erst nach dem Krieg aufgebauten O-Bus-Betriebes nicht mehr verfolgt wurde. Am 30. August 1954 stellte die HHA die Linie 44 (Appelbüttel), am 1. Oktober 1957 die Linie 42 (Heimfeld) auf Busse um.

Störungen des Betriebsablaufes durch Individualverkehr an der Sternbrücke in Altona [4]

158 Linie 44 Harburg (Hbf) – Appelbüttel, 1953 [3]

U-Bahn/Straßenbahn: Das vielseitige Angebot an den Fahrgast – aber auch als Beispiel des vorhandenen Parallelverkehrs [9]

1954: Straßenbahn mit Briefkasten [3]

Von den im Jahre 1957 in Hamburg verkehrenden 17 Straßenbahnlinien führten 10 als Radiallinien durch die Innenstadt, drei umfuhren den Kern der Innenstadt, und zwei Linien verbanden als Querlinien die Stadtteile untereinander. Zwei kürzere Linien fuhren innerhalb von Vororten. Fast symbolisch mag die Anordnung der Post klingen, den 1949 eingeführten Briefkastendienst der Straßenbahnen am 31. März 1958 wieder einzustellen.
Die Strecke der Linie 5 Wendemuth–Hellbrook wurde am 22. März 1959 aufgegeben, wenige Wochen später, am 11. Mai, erfolgten partielle Stillegungen in Altona und Rothenburgsort.
Seit dem 22. Februar 1960 fuhr die neue U-Bahn zwischen Jungfernstieg über Meßberg bis zum Hauptbahnhof, während in Richtung Wandsbek noch fleißig gebuddelt wurde. Im gleichen Jahr klingelten keine Straßenbahnen mehr in Richtung Wandsbek. Der Rückbau der Straßenbahn betrug rund 32 km. Er betraf die Linie 3 und 16, den Eimsbütteler Trakt der Linie 5 und den der Linie 14 in der Schanzenstraße. Ein Jahr später hörte die Linie 3 zwischen Langenfelde und Eidelstedt auf, ihre Runden zu drehen, ebenso die Linie 14 zwischen Freihafen und Alte Landesgrenze. Die

Querverbindung Hallerstraße–Altona wurde am 19. August 1962 aufgehoben, am 28. April 1963 fuhr letztmalig eine Straßenbahn nach Farmsen.
Nicht allein nur durch die Anschaffung des Autos veränderten sich die Lebensgewohnheiten der Menschen. Die 5-Tage-Woche gab dem Wochenablauf plötzlich einen ganz anderen Drall. Die »Stadtflucht« begann. Die öffentlichen Verkehrsmittel hatten das Nachsehen. Aber noch viel dramatischer wirkte sich das Fernsehen aus. Plötzlich blieben die Menschen am Abend daheim, die Kinos an der Ecke machten dicht, und bei den öffentlichen Verkehrsmitteln stimmte die Kasse nicht mehr.
Im Jahre 1964 hatte die HHA noch immer 525 Straßenbahnfahrzeuge, begann aber mit dem Umbau der V6- und V7-Triebwagen für einen schaffnerlosen Betrieb, das hieß also: Eingang nicht mehr hinten, sondern vorn beim Fahrer. Es war ein Umlernprozeß, den die Hamburger nicht so recht begreifen wollten. Trotz der äußeren Kennzeichnung solcher Fahrzeuge, war die alte Gewohnheit stärker.

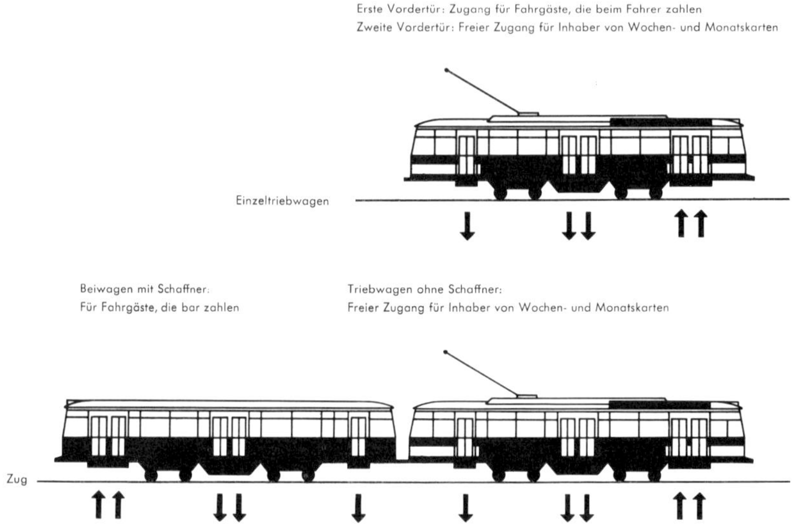

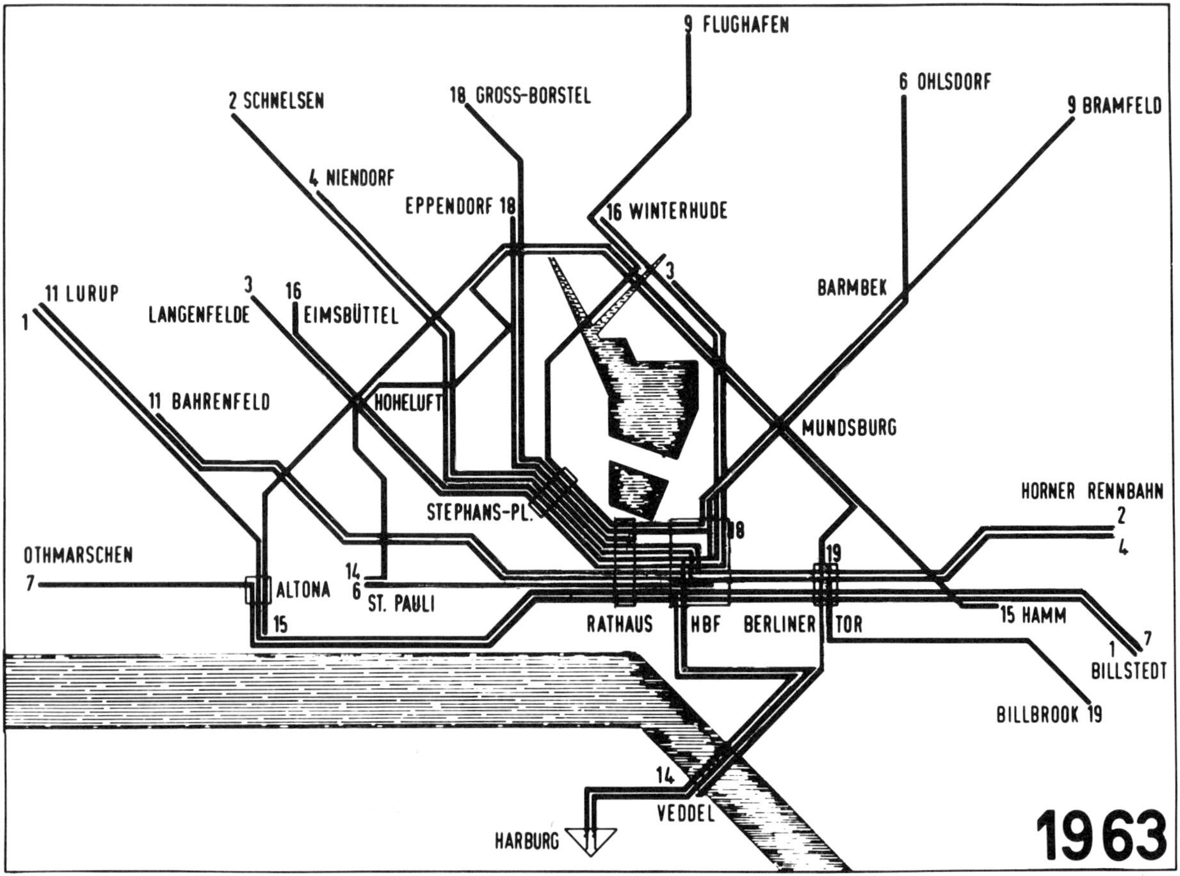
9 FLUGHAFEN
18 GROSS-BORSTEL
2 SCHNELSEN
6 OHLSDORF
9 BRAMFELD
4 NIENDORF
EPPENDORF 18
16 WINTERHUDE
11 LURUP
1
3
16
LANGENFELDE
EIMSBÜTTEL
3
BARMBEK
11 BAHRENFELD
HOHELUFT
MUNDSBURG
HORNER RENNBAHN
STEPHANS-PL.
18
2
4
OTHMARSCHEN
19
7
14
ALTONA
6
ST. PAULI
15
RATHAUS
HBF
BERLINER
TOR
15 HAMM
1
7
BILLSTEDT
BILLBROOK 19
14
VEDDEL
HARBURG
1963

1965: Serienumbau von 91 Triebwagen des Typs V7 für schaffnerlosen Betrieb (gleichzeitige Sitzplatzerhöhung um 20 %) [3]

Das Jahr 1965 brachte eine weitere Reduzierung des Straßenbahnnetzes. Busse ersetzten die Linie 6 zwischen Ohlsdorf und Bahnhof Barmbek sowie die Linie 9 von Bramfeld bis Bahnhof Barmbek. Die Anbindung zur City besorgte ab Barmbek die U-Bahn. Der »gebrochene Verkehr« kam auf.

 Hamburg-Spezial: Pop-Straßenbahn unterwegs [3]

In Hamburg gab es jetzt pro 5,5 Einwohner ein Auto. In dieser Situation begann der öffentliche Personennahverkehr in Hamburg seine wohl erfolgreichste Offensive. Am 11. Dezember 1965 wurde der *Hamburger Verkehrsverbund* gegründet. Die Einrichtung des HVV wurde einhellig begrüßt und von den Fahrgästen honoriert. Bürgermeister Prof. Herbert Weichmann kommentierte das große verkehrsgeschichtliche Ereignis mit dem Goethe-Satz: ». . . und ich habe dürfen dabei sein!«

Der HVV geht auf eine Denkschrift der HHA vom November 1960 zurück. Schon damals wurde im Hinblick auf den wachsenden Individualverkehr und die schwindende Wirtschaftlichkeit aller hamburgischen Nahverkehrsträger auf jene absurden Ursachen hingewiesen wie Tarifspaltung, verschieden hohe Fahrpreise für gleiche Leistungen, Bedienungsverbote oder mangelnde Fahrplananschlüsse. Das alles waren Gründe, die den potentiellen Fahrgast natürlich abschrecken mußten, die öffentlichen Verkehrsmittel zu benutzen, und bewogen, statt dessen das eigene Auto zu wählen.

Mit der Einführung des HVV-Gemeinschaftstarifes zu Beginn des Jahres 1967 für die im *Hamburger Verkehrsverbund* zusammengeschlossenen Unternehmen ist der HVV für alle sichtbar wirksam geworden. Die Überlegungen der planerischen Instanzen des Stadtstaates aber haben durch die Arbeitsaufnahme des HVV ein wirkungsvolles Instrument zur Konkretisierung ihrer Erkenntnisse erhalten. Schon seit 1955 waren in Hamburg die Einflüsse auf die künftige Nahverkehrsentwicklung, wie z. B. der individuelle Kraftfahrzeugverkehr, die Betriebsbehinderungen auf den Straßen während der Spitzenzeiten, aber auch die Kostensituation im Nahverkehrssektor erkannt worden. Als Leitgedanke kristallisierte sich die Erkenntnis: »Ohne gut funktionierenden öffentlichen Verkehr ist die Stadt nicht lebensfähig.« Sollte aber der öffentliche Verkehr künftig störungsfrei abgewickelt werden, so wäre er weitgehend in die zweite Ebene zu verlagern. Dieses gravierende Entscheidungselement fand seine Basis in dem Auftrag an eine »Unabhängige Kommission«, die auf Beschluß der Hamburger Bürgerschaft vom 11. März 1964 vom Senat eingesetzt wurde. Sie erhielt die Aufgabe, zu untersuchen, ob nach dem derzeitigen Stand städtebaulicher Grundsätze und Erkenntnisse Veränderungen des Aufbauplanes 1960 erforderlich waren. Im Oktober 1967 veröffent-

HVV

lichte die Kommission ihre Stellungnahme. Hierin heißt es wörtlich:

»... es ist ein möglichst reibungsloser Ablauf des innerstädtischen Verkehrs zu gewährleisten. Ein funktionierender Personen- und Güternahverkehr ist ein wesentliches Element der Standortqualität Hamburgs als Wirtschafts- und Wohnplatz; eine gute Verbindung zwischen Wohngebieten und den Arbeits-, Einkaufs- und Bildungsstätten ist eine notwendige Voraussetzung für ein angemessenes wirtschaftliches Wachstum...

Bei steigendem Verkehrsvolumen sowohl im Personen- wie im Güterverkehr ist nach einer umfassenden Nahverkehrskonzeption zu handeln. Es muß dafür gesorgt werden, daß der Wirtschafts- und Berufsverkehr – ohne vermeidbare Beeinträchtigung der freien Entscheidung des Bürgers – so auf individuelle und öffentliche Verkehrsmittel gelenkt werden, daß insgesamt ein optimaler, von Stauungen möglichst wenig beeinflußter Verkehrsablauf entsteht...

Das System der Stadtschnellbahnen mit dichterem Haltestellenabstand ersetzt auch das Straßenbahnnetz.«

Dem Senatsauftrag entsprechend ist zwischenzeitlich das Netz der U-Bahn und der S-Bahn verdichtet worden, so daß der öffentliche Verkehr in Hamburg über weitere Entfernungen in der zweiten Ebene abgewickelt werden kann. Die Omnibusse leisten primär Zubringer- und Verteilerdienste zu den Schnellbahnen und dienen der Feinerschließung, besonders in den Außengebieten.

Diese Planungskonzeption des HVV (das sogenannte zweigeteilte System) übertrug die Verbundgesellschaft auf den gesamten Verbundraum. Seit 1970 dienten dem HVV als Arbeitsauftrag die »Leitlinien für den Nahverkehr in Hamburg«.

Parallel zu dieser Konsequenz erfolgte nach und nach der Rückbau der Hamburger Straßenbahn. Die Straßenbahn war im Jahre 1956 mit 45 % Anteil an der Gesamtzahl der beförderten Personen (einschließlich S-Bahn) der bedeutendste Verkehrsträger in Hamburg. Ihr Streckennetz umfaßte 1956 noch 187 km; bis 1966 war es schon um 75 km kleiner geworden.

Im Jahr 1968 fuhr letztmalig die Linie 1 nach Billstedt. Der U-Bahn-Bau zur Legienstraße machte sie entbehrlich. Ein Jahr später sagten die Hamburger der Linie 18 adieu. Im Jahre 1970 winkten die Fahrgäste noch einmal den Linien 7 und 19 zu, und als 1971 die Linie 12 zwischen Rönneburg – Harburg und Wilhelmsburg zum letzten Male fuhr, wurde sie

Abschied von der Linie 9 im Mai 1974 [4]

Opfer des zunehmenden Straßenverkehrs [3]

mit Musik verabschiedet. Im HVV-Fahrplan des Jahres 1972 gab es nur noch sieben Linien, und ab 1974 sah der Mittelweg seine Linie 9 nicht mehr.
War die Talfahrt der Hamburger Straßenbahn nun nicht mehr aufzuhalten, so kamen unvorhergesehene Ereignisse hinzu, die aus wirtschaftlicher Sicht die Fahrt schneller stoppen ließen:

- Die im Jahre 1975 vom HVV vorgenommene Tariferhöhung brachte nicht die erhofften 18 %, sondern nur 10 % Mehreinnahmen;
- Die Bevölkerungszahl Hamburgs sank im Jahre 1976 um weitere 20 000 Menschen;

- Der Pkw-Bestand in Hamburg erhöhte sich 1976 um weitere 4 %;
- Die allgemeine Rezession mit Arbeitslosigkeit und Konsumverzicht ließ auch den Zuspruch zu den öffentlichen Verkehrsmitteln sinken;
- Die Verlängerung des Urlaubs und der Trend, ein- bis zweimal im Jahr zu verreisen, machte sich nachteilig in der HVV-Bilanz bemerkbar;
- Das Angebot der Supermärkte am Stadtrand oder »auf der grünen Wiese« mit reichlichem Parkplatzangebot und »Billig-Tankstellen« bewirkte bei der Zielgruppe »Hausfrauen«, daß diese nicht mehr so oft mit öffentlichen Verkehrsmitteln die City aufsuchten.

Der Straßenbahnfriedhof in Langenfelde [4]

Alle diese Kriterien gaben den Ausschlag, das Marketingkonzept des HVV neu zu überarbeiten und sich unter anderem von dem nun nicht mehr wirtschaftlich zu betreibenden Torso des Straßenbahnverkehrs zu trennen. Eine politische Entscheidung übrigens, die in dem Antrag des Senats an die Hamburger Bürgerschaft 8/2300 vom 8. Februar 1977 ausführlich begründet und von den Volksvertretern gebilligt wurde.

Die letzten zwei der verbliebenen drei Straßenbahnlinien (1 und 14) wurden danach (Mai 1977) eingestellt, die Linie 2 aber blieb, bis den Niendorfern nach dem Planfeststellungsverfahren eine U-Bahn-Verbindung als baldmöglichster Ersatz versprochen werden konnte.

Danke!

Danke!

Am 30. September 1978 endete in Hamburg die Ära Straßenbahn. Sie, die den Hamburgern 84 Jahre lang treu gedient hat, wurde selbst eine echte Hamburgerin. Sie kannte sich ebenso aus in Billbrook wie in Ottensen, in Eppendorf und am Jungfernstieg. Sie war vielgeliebt und wurde oft kritisiert. Sie hat so manchen Kratzer abgekriegt, aber sie trat ab von der Bühne mit Beifall und hinterließ gute Erinnerung bei ihren Verehrern. Sie hat ihre Rolle in exzellenter Weise gespielt. Mit ihr ging eine Epoche zu Ende!

Das Ende! [4]

Anhang:
Hamburger Straßenbahnen, Linien und Daten

16. 8. 1866	Eröffnung der Pferdebahn **Wandsbek** (Zoll) – **Rathausmarkt**
27. 6. 1883	Dampfbetrieb
22. 6. 1897	*Elektrischer Betrieb*
10. 3. 1898	ab Moltkeplatz
ab Juni 1900	LINIE 1
3. 9. 1900	**Wandsbek** (Moltke-platz) – **Eppendorfer Baum**
13. 10. 1905	bis Eppendorfer Kranken-haus
18. 3. 1910	bis Eimsbütteler Markt
1. 1. 1913	**Wandsbek** (Moltke-platz) – Rathausmarkt – Millerntor – **Hoheluft**
1. 11. 1913	ab Tonndorf
16. 10. 1933	ab Bramfeld-Hellbrook
Juli 1943	*eingestellt*
10. 2. 1944	**Bramfeld**-Hellbrook – Wandsbek – **Jüthorn**
4. 7. 1954	**Hellbrook – Wandsbek-Markt**
17. 5. 1955	*eingestellt*
30. 10. 1955	**Billstedt – Lurup**
29. 9. 1968	**Goldbekplatz – Lurup**
3. 6. 1973	**Goldbekplatz – Rathaus-markt**
29. 9. 1974	**Lattenkamp – Rathaus-markt**
21. 5. 1977	*Linie eingestellt*
	NACHTLINIE 1
28. 10. 1962	**Rathausmarkt – Billstedt**
28. 9. 1968	*Linie eingestellt*

4. 5. 1870	Eröffnung der Pferdebahn **Hoheluft – Rathausmarkt**
10. 11. 1894	*Elektrischer Betrieb*
9. 3. 1898	ab Lokstedt
ab Juni 1900	LINIE 2
3. 9. 1900	**Wandsbek** (Marktplatz) – **Lokstedt**
22. 8. 1907	bis Niendorf
7. 12. 1912	bis Schnelsen
26. 5. 1925	**Jüthorn – Hoheluft**
16. 10. 1933	**Hamm** (Schurzallee) – **Hoheluft**
20. 10. 1936	**Horner Rennbahn – Lokstedt**
Juli 1943	*eingestellt*
28. 10. 1952	**Horner Rennbahn – Niendorf**
5. 5. 1953	bis Schnelsen
2. 1. 1967	**Schnelsen – Hbf/ZOB**
23. 5. 1971	**Schnelsen-Mengestraße**
7. 3. 1976	**Schnelsen – Hbf/ZOB**
28. 5. 1978	**Schnelsen – Rathausmarkt**
30. 9. 1978	*Linie eingestellt*
	NACHTLINIE 2
2. 1. 1967 bis 30. 5. 1970	**Schnelsen** – (Innenstadt) – **Flughafen**

5. 10. 1897	*Elektrischer Betrieb*
ab Juni 1900	LINIE 3
	Wandsbek (Marktplatz) – Steindamm – Lombards-brücke – **Neuer Pferde-markt**
31. 10. 1910	bis Langenfelde
7. 12. 1913	ab Wandsbek-Gartenstadt
26. 9. 1924	ab Wandsbek (Marktplatz)
1. 11. 1928	ab Wandsbek (Wende-muthstraße)
1. 11. 1932	**Wandsbek** (Wendemuth-straße) – **Winterhude** (Lattenkamp)
20. 10. 1936	ab Hauptbahnhof
27. 4. 1937	ab Millerntor
18. 10. 1937	ab St.-Pauli-Landungs-brücken
Juli 1943	*eingestellt*
8. 4. 1946	**Hauptbahnhof – Eidelstedt**
1. 8. 1948	ab Tonndorf
2. 10. 1960	**Eidelstedt – Lattenkamp**
29. 10. 1961	**Langenfelde – Latten-kamp**
28. 4. 1963	**Langenfelde – Goldbek-platz**
2. 1. 1967	**Langenfelde – Latten-kamp**
3. 6. 1973	**Rathausmarkt – Latten-kamp**
28. 9. 1974	*Linie eingestellt*
	NACHTLINIE 3
2. 10. 1960	**Eidelstedt** – (Innen-stadt) – **Flughafen**
20. 10. 1961	**Langenfelde – Flughafen**
2. 1. 1967	**Langenfelde – Rathaus-markt**
30. 5. 1970	*Linie eingestellt*

8. 5. 1890	Eröffnung der Pferdebahn **Lübecker Tor–St. Pauli**
4. 1. 1896	*Elektrischer Betrieb*
4. 10. 1896	ab Eilbek
1. 10. 1897	bis Hohenzollernring
ab Juni 1900	LINIE 4
	Eilbek (Richardstraße) – **Altona**
28. 5. 1908	bis Övelgönne
14. 2. 1924	**Wandsbek** (Marktplatz) – Rathausmarkt – Königstraße – **Altona**
26. 9. 1924	ab Gartenstadt
4. 11. 1924	bis Hochrad
20. 4. 1926	ab Bramfeld
1. 11. 1928	bis Bahrenfeld (Marktpl.)
16. 10. 1933	ab Jüthorn
Juli 1943	*eingestellt*
2. 10. 1960	**Rathausmarkt–Horner Rennbahn**
27. 10. 1963	**Niendorf–Horner Rennbahn**
2. 1. 1967	**Niendorf–Rathausmarkt**
28. 5. 1972	*Linie eingestellt*

1. 1. 1899	*Elektrischer Betrieb* **Eilbek** (Richardstraße) – **Ottensen** (Kirche)
ab Juni 1900	LINIE 5
	Eilbek (Richardstraße) – **Ottensen**
10. 6. 1900	bis St. Pauli (Bierpalast)
19. 10. 1905	bis Hoheluft
11. 11. 1912	bis Eimsbüttel (Marktpl.)
21. 12. 1913	bis Eidelstedt
28. 12. 1920	**Süderstraße** (Betriebsbahnhof) – Kaiser-Wilhelm-Straße – **Eidelstedt**
23. 10. 1923	bis Altona (Friedhöfe) Bis 11. 3. 1924
16. 2. 1925	bis Langenfelde
5. 7. 1927	ab Osterbrook
16. 4. 1935	ab Braune Brücke
Juli 1943	*eingestellt*
17. 5. 1955	**Langenfelde–Hellbrook**
22. 3. 1959	**Langenfelde–Eichtal**
31. 12. 1959	*eingestellt*

2. 1. 1967	**Burgstraße–Horner Rennbahn**
26. 9. 1971	*Linie eingestellt*

17. 7. 1883	Eröffnung der Pferdebahn **Barmbek** (Zoll) – **Rathausmarkt**
31. 1. 1895	*Elektrischer Betrieb*
11. 4. 1895	ab Ohlsdorf
31. 5. 1895	**Ohlsdorf**–Barmbek–Rathausmarkt–**St. Pauli**
ab Juni 1900	LINIE 6
19. 10. 1905	bis Eimsbüttel (Marktpl.)
18. 3. 1910	bis Eppendorf (Krankenhaus)
26. 5. 1925	bis Groß Borstel
2. 5. 1929	**Ohlsdorf**–Barmbek–Lombardsbrücke–**St. Pauli**
1. 4. 1932	bis Hohenzollernring Bis 15. 10. 1933
Juli 1943	*eingestellt*
3. 9. 1943	Teilbetrieb
16. 5. 1945	Teilbetrieb **Hbf–Sievekingplatz + Mundsburg–Ohlsdorf**
18. 7. 1945	Teilbetrieb **Hbf–Nobistor + Mundsburg–Ohlsdorf**
21. 1. 1946	**Ohlsdorf–St. Pauli**
18. 3. 1946	bis Altona (Bahnhof)
1. 11. 1950	bis Hochrad
bis 10. 5. 1959	**über die Steinwege**
ab 11. 5. 1959	über Palmaille–Landungsbrücken
2. 10. 1960	**Ohlsdorf–St. Pauli**
30. 5. 1965	*Linie eingestellt*

	NACHTLINIE 6
1. 11. 1959	**Ohlsdorf–Bf Altona**
11. 5. 1959	**Ohlsdorf–St. Pauli**
30. 5. 1965	*Linie eingestellt*

25. 5. 1895	*Elektrischer Betrieb* **Barmbek** (Marktplatz) – **St.-Pauli-Landungsbrücken**
20. 8. 1896	bis Ottensener Kirche
10. 8. 1897	bis Hohenzollernring
ab Juni 1900	LINIE 7
	Barmbek–Mundsburger Damm–Rathausmarkt–St.-Pauli-Landungsbrücken–**Altona**
15. 9. 1902	ab Barmbek (Zoll)
27. 5. 1909	ab Barmbek (Neuer Schützenhof)
3. 6. 1922	ab Stadtpark
18. 10. 1938	bis Övelgönne
7. 10. 1941	ab Schleidenplatz
Juli 1943	*eingestellt*
28. 10. 1952	**Billstedt**–Kaiser-Wilhelm-Straße–**Ottensen** (Bleickenallee)
11. 5. 1959	**St. Pauli–Billstedt**
2. 10. 1960	**Hochrad–Billstedt**
28. 5. 1967	**Hochrad–Hbf/ZOB**
30. 5. 1970	*Linie eingestellt*

	NACHTLINIE 7/15
29. 10. 1957	**Billstedt**–St. Pauli–Eppendorf–**Diagonalstraße**

	NACHTLINIE 7
11. 5. 1959	**Rathausmarkt–Billstedt**

	NACHTLINIE 7/18
2. 10. 1960	**Groß Borstel–Billstedt**
27. 10. 1962	*Linie eingestellt*

22. 6.1895	*Elektrischer Betrieb* **Mundsburg–Millerntor**
28. 6.1899	**Barmbek** (Markt)–**St. Pauli**
ab Juni 1900	LINIE 8
10. 6.1900	**Barmbek** (Marktplatz)–Lombardsbrücke–St. Pauli–**Hohenzollernring**
15. 7.1926	ab Straßburger Platz
8.11.1928	ab Farmsen
2. 5.1929	**Farmsen**–Barmbek–Rathausmarkt–Grindel–**Groß Borstel**
Juli 1943	*eingestellt*
10. 2.1944	**Farmsen–Holzmühlenstraße**
24. 6.1951	bis Bahnhof Dehnhaide
17. 5.1955	**Farmsen–Rathausmarkt**
30.10.1956	**Farmsen–Altona** (Rathaus)
2.10.1960	**Alsterchaussee–Altona** (Rathaus)
19. 8.1962	*Linie eingestellt*

8. 6.1867	Eröffnung der Pferdebahn **Barmbek** (Zoll)–**Rathausmarkt**
12. 4.1892	bis St. Pauli
31. 5.1895	*Elektrischer Betrieb* ab Barmbek (Marktplatz)
ab Juni 1900	LINIE 9
	Barmbek (Marktplatz)–**St. Pauli**
10. 6.1900	bis Bahrenfeld Bis 18. 10. 1905
14.12.1900	bis Blankenese Bis 29. 9. 1901
25. 7.1909	bis Hoheluft
14.11.1923	**Barmbek** (Neuer Schützenhof)–**Altona** (Neues Rathaus)
12. 3.1924	bis Hohenzollernring
15. 7.1925	bis Övelgönne
18.10.1938	bis Rödingsmarkt
15.11.1942	*eingestellt*
16. 5.1948	**Bramfeld–Hbf**
1. 8.1948	bis Flughafen
1.12.1948	**Flughafen–Owiesenstraße**
27.11.1953	**Flughafen–Bramfeld**
30.10.1955	**Flughafen**–Bf Barmbek–**Bramfeld**
30. 5.1965	**Flughafen–Hbf/ZOB**
25. 5.1974	*Linie eingestellt*

	NACHTLINIE 9
29.10.1957	**Bf Barmbek–Bramfeld**
1.10.1960	*Linie eingestellt*

19.12.1885	Eröffnung der Pferdebahn **Brandstwiete–Christuskirche**
23.12.1891	ab Pferdemarkt
12. 5.1894	*Elektrischer Betrieb*
27. 1.1898	bis Langenfelde
ab Juni 1900	LINIE 10
	Pferdemarkt–Lombardsbrücke–Lagerstraße–**Eimsbüttel–Langenfelde**
31.10.1910	bis Lutterothstraße
21. 5.1924	ab Wandsbek (Marktplatz)
18. 1.1927	ab Hammer Park
1.11.1932	ab Rothenburgsort
27. 4.1937	*Linie eingestellt*

5. 9.1868	Eröffnung der Pferdebahn **Rathausmarkt–Eimsbüttel** (Marktplatz)
21. 1.1895	*Elektrischer Betrieb*
8. 6.1898	bis Langenfelde
ab Juni 1900	LINIE 11
	Rathausmarkt–Schäferkampsallee–Eimsbüttel–**Langenfelde**
22. 9.1908	ab Borstelmannsweg–Große Allee
14. 2.1910	ab Horn (Letzter Heller)
1. 8.1916	ab Burgstraße–Graumannsweg
14.10.1924	ab Hammer Park–Große Allee
1.11.1932	ab Rathausmarkt
10. 5.1940	*eingestellt*
17. 5.1955	**Volkspark–Bf Harburg**
30.10.1955	**Bahrenfeld** (Trabrennbahn)–**Mengestraße**
5. 4.1956	**Bahrenfeld–Moorstraße**
11. 5.1959	**Bahrenfeld-Rönneburg**
19. 7.1964	**Lornsenstraße–Rönneburg**
31. 5.1970	**Lornsenstraße–Hbf/ZOB**
3. 6.1973	**Bahrenfeld** (Trabrennbahn)–**Hbf/ZOB**
28. 6.1975	*Linie eingestellt*

	NACHTLINIE 11
11. 5.1959	**Bahrenfeld** (Trabrennbahn)–**Harburg** (Moorstraße)
1. 6.1969	**Lornsenstraße–Harburg** (Moorstraße)
30. 5.1970	*Linie eingestellt*

20.10.1880	Eröffnung der Pferdebahn **Rothenburgsort–Dornbusch**
16.11.1892	bis Langenfelde
19. 8.1895	*Elektrischer Betrieb*
27. 1.1898	bis Eppendorf (Markt)
ab Juni 1900	LINIE 12
	Rothenburgsort–Kaiser-Wilhelm-Straße–**Eppendorf** (Markt)
1. 5.1904	bis Winterhude (Marktpl.)
1.11.1932	*eingestellt*
16.10.1933	**Rothenburgsort**–Kaiser-Wilhelm-Straße–**Bahrenfeld** (Rennbahn)
Juli 1943	*eingestellt*
3. 9.1943	**Hauptbahnhof–Bahrenfeld** (Trabrennbahn)

24. 3.1945	bis Volkspark
16. 5.1945	**Millerntor–Volkspark**
24. 5.1945	**Hbf–Volkspark**
17. 5.1955	**Volkspark–Freihafenstraße**
11. 5.1959	*eingestellt*
31. 5.1970	**Rathausmarkt–Rönneburg**
22. 5.1971	*Linie eingestellt*

NACHTLINIE 12

1.11.1950	**Bahrenfeld** (Trabrennbahn)–**Billstedt**
28.10.1957	*Linie eingestellt*

10.12.1892	Eröffnung der Pferdebahn **Burgstraße–Rathausmarkt**
11. 9.1895	*Elektrischer Betrieb*
11.11.1895	bis Osterstraße
3. 5.1896	bis Langenfelde
ab Juni 1900	LINIE 13
	Burgstraße–Graumannsweg–**Langenfelde**
14.12.1910	bis Groß Borstel
1. 8.1916	ab Horn–Große Allee
26. 5.1925	**Horn** (Letzer Heller)–Rathausmarkt–**Bahrenfeld** (Rennbahn)
15. 9.1927	bis Bahrenfeld (Marktpl.)
1.11.1928	bis Hochrad
1. 5.1931	ab Hamm (Schurzallee)
22.10.1941	ab Horn (Betriebsbahnhof)
Juli 1943	*eingestellt*
28. 8.1943	**Bf Altona–Hochrad**
28. 2.1944	*eingestellt*
5. 5.1953	**Langenfelde–Bf Harburg**
15. 5.1955	**Sievekingplatz–Rönneburg**
11. 5.1959	*Linie eingestellt*

NACHTLINIE 13

29.10.1957	**Bahrenfeld** (Trabrennbahn)–**Rönneburg**
11. 5.1959	*Linie eingestellt*

21.10.1887	Eröffnung der Pferdebahn **Süderstraße–Fischmarkt**
12.11.1892	bis Neuer Pferdemarkt
13. 4.1896	*Elektrischer Betrieb*
ab Juni 1900	LINIE 14
31. 5.1902	**Süderstraße** (Betriebsbahnhof)–**Langenfelde**
12.11.1903	bis Osterstraße
16. 9.1924	**Süderstraße** (Betriebsbahnhof)–St.-Pauli-Landungsbrücken–**Hoheluft**
5. 7.1927	ab Osterbrook
16. 4.1935	ab Braune Brücke
1. 7.1935	ab Billbrook – 19. 10. 36
Juli 1943	*eingestellt*
3.11.1943	**Tarpenbekstraße–St.-Pauli-Landungsbrücken**
24. 1.1944	ab Groß Borstel
16. 5.1945	**Millerntor–Groß Borstel**
8.10.1945	**Landungsbrücken–Groß Borstel**
4. 5.1954	**Landungsbrücken**–Eppendorf–Bf Veddel (Freihafen)–**Mengestraße**
8. 5.1956	**Millerntor**–Eppendorf–Bf Veddel (Freihafen)–**Mengestraße**
29.10.1961	**Millerntor–Bf Veddel**
24. 9.1967	**Bf Altona**–Eppendorf–**Bf Veddel**
27. 9.1970	**Lattenkamp–Bf Veddel**
7. 3.1976	**Grindelberg–Bf Veddel**
21. 5.1977	*Linie eingestellt*

1. 8.1883	Eröffnung der Pferdebahn **Millerntor–Eimsbüttel** (Marktplatz)
14.11.1885	ab Rödingsmarkt
1.12.1897	*Elektrischer Betrieb*
ab Juni 1900	LINIE 15
	Rödingsmarkt–Eimsbüttel (Marktplatz)
20.12.1908	ab Winterhude (Mühlenkamp)
1. 1.1913	ab Süderstraße (Betriebsbahnhof)
1.12.1916	bis Dornbusch
29.11.1920	*eingestellt*
12. 3.1924	**Hohenzollernring**–Lombardsbrücke–**Winterhude** (Goldbekplatz)
26. 5.1925	bis Wilhelmsburg
1. 4.1932	*eingestellt*
16.10.1933	**Barmbek** (Neuer Schützenhof)–**Hohenzollernring**
15.10.1935	*eingestellt*
4. 5.1954	**Tarpenbekstraße–Diagonalstraße**
17. 5.1955	**Hohenzollernring–Diagonalstraße**
15. 1.1957	**Hohenzollernring–Schurzallee**
19. 8.1962	**Altona** (Rathaus)–**Schurzallee**
2. 1.1967	**Altona** (Rathaus)–**U Burgstraße**
27. 9.1970	**Grindelberg–U Burgstraße**
26. 9.1971	**Grindelberg–Horner Rennbahn**
7. 3.1976	*Linie eingestellt*

NACHTLINIE 15

11. 5.1959	**St. Pauli–Diagonalstraße**
2. 1.1967	**St. Pauli–Horner Rennbahn**
24. 9.1967	**Bf Altona–Horner Rennbahn**
30. 5.1970	*Linie eingestellt*

31. 5.1884	Eröffnung der Pferdebahn **Millerntor–Hoheluft**
14.11.1885	ab Rödingsmarkt
1.12.1897	*Elektrischer Betrieb*
ab Juni 1900	LINIE 16
	Rödingsmarkt–Schulterblatt–**Hoheluft** (Breitenfelder Straße)

25. 7.1909	*eingestellt*
1. 4.1911	**Rathausmarkt**–Osterstraße–**Stellingen** (Kieler Straße)
26. 5.1925	ab Hamm (Diagonalstraße)
15. 7.1926	ab Hamm (Schurzallee)
16. 12. 1931	ab Billstedt
18. 10. 1937	bis Hagenbecks Tierpark
Juli 1943	*eingestellt*
14. 9.1943	Teilbetrieb
Dez. 1943	**Billstedt–Hagenbecks Tierpark**
24. 6.1951	**Horner Rennbahn–Hagenbecks Tierpark**
5. 5.1953	**Tonndorf–Hagenbecks Tierpark**
4. 7.1954	**Jenfeld–Hagenbecks Tierpark**
2. 10. 1960	**Farmsen** (Trabrennbahn)–**Hagenbecks Tierpark**
28. 4.1963	**Lattenkamp – Hagenbecks Tierpark**
27. 10. 1963	**Lattenkamp–Lutterothstraße**
1. 1.1967	*Linie eingestellt*

11. 12. 1875	Eröffnung der Pferdebahn **Hamm** (Marktplatz)–**Rathausmarkt**
1. 1.1896	*Elektrischer Betrieb*
ab Juni 1900	LINIE 17
3. 9.1900	**Hamm** (Marktplatz)–Große Allee–Rathausmarkt–**Eppendorfer Baum**
1. 11. 1906	bis Groß Borstel
14. 12. 1910	bis Neuer Pferdemarkt–Langenfelde
3. 6.1930	ab Mettlerkampsweg
18. 6.1932	ab Horner Rennbahn
Juli 1943	*eingestellt*
2. 5.1957	**Bf Altona–Langenfelde**
10. 5.1959	*Linie eingestellt*

7. 6.1880	Eröffnung der Pferdebahn **Pferdemarkt–Winterhude**
1. 10. 1883	**Alsterring**
12. 5.1895	*Elektrischer Betrieb*
ab Juni 1900	LINIE 18
	Alsterring über Winterhude–Uhlenhorst–Rathausmarkt–Rothenbaum–Eppendorf–Winterhude
Juli 1943	*eingestellt*
15. 8.1943	Teilbetrieb
19. 10. 1943	**Alsterring**
16. 5.1945	**Alsterring** über Lombardsbrücke
16. 7.1945	**Alsterring** über Ferdinandstraße
6. 11. 1945	**Alsterring** über Mönckebergstraße
4. 5.1954	**Groß Borstel–Lattenkamp**
2. 10. 1960	**Groß Borstel–Goldbekplatz**
28. 4.1963	**Groß Borstel–Hbf/ZOB**
22. 5.1966	**Eppendorf–Hbf/ZOB**
29. 9.1968	**Eppendorf–Rathausmarkt**
30. 5.1969	*Linie eingestellt*

	NACHTLINIE 18
22. 8.1948	**Alsterring** über Landungsbrücken
1. 5.1951	**Alsterring** über St. Pauli
29. 10. 1957	**Eppendorf**–Innenstadt–**Flughafen**
28. 10. 1962	**Groß Borstel–Rathausmarkt**
22. 5.1966	**Eppendorf–Rathausmarkt**
30. 5.1969	*Linie eingestellt*

2. 8.1881	Eröffnung der Pferdebahn **Winterhude–Rathausmarkt**
23. 10. 1895	*Elektrischer Betrieb*
ab Juni 1900	LINIE 19
3. 9.1900	**Kleiner Alsterring** über Maria-Louisen-Straße–Mittelweg–Rathausmarkt–Uhlenhorst
26. 5.1925	bis Rathausmarkt
1. 4.1926	*eingestellt*
1. 11. 1930	**Billbrook**–Süderstraße–**Mundsburg**
2. 2.1931	bis Barmbek (Neuer Schützenhof)
1. 7.1935	*eingestellt* Bis 19. 10. 1936
Juli 1943	*eingestellt*
2. 1.1945	**Billbrook–Mundsburg**
16. 5.1945	**Mundsburg–Schurzallee** (Süd)
15. 5.1946	**Mundsburg–Billbrook**
3. 11. 1947	**Barmbek** (Schützenhof)–**Billbrook**
16. 5.1948	**Mundsburg–Billbrook**
5. 5.1953	Teilbetrieb **Billbrook**–Grossmannstraße Grossmannstraße–**Mundsburg**
17. 8.1953	**Mundsburg–Billbrook**
14. 6.1957	**Billbrook–Goldbekplatz**
28. 4.1963	**Billbrook–Bf Angerstraße**
24. 9.1967	**Billbrook–Bf Landwehr**
28. 9.1969	**Billbrook– U Burgstraße**
26. 9.1970	*Linie eingestellt*

16. 9.1899	*Elektrischer Betrieb* **Mundsburg–Dornbusch**
ab Juni 1900	LINIE 20
18. 4.1900	**Mundsburg**–Steindamm–Lombardsbrücke–**Alsterchaussee**

16. 11. 1900	bis Eppendorf (Krankenhaus)
20. 10. 1904	ab Barmbek (Markt)
19. 10. 1905	bis Hoheluft
20. 4. 1912	ab Mundsburg
14. 4. 1920	ab Hauptbahnhof
28. 1. 1925	ab Hammer Park
18. 1. 1927	*eingestellt*
1. 11. 1927	**Süderstraße** – St. Pauli – **Bahrenfeld** (Rennbahn)
17. 3. 1932	*eingestellt*
16. 10. 1933	**Flughafen – Sengelmannstraße**
20. 10. 1936	*Linie eingestellt*

19. 8. 1886	Eröffnung der Pferdebahn **Wasserkunst – Deichtor**
19. 8. 1895	*Elektrischer Betrieb* bis Hallerstraße
13. 8. 1899	bis Alsterchaussee
ab Juni 1900	LINIE 21
	Rothenburgsort (Wasserkunst) – Kaiser-Wilhelm-Straße – **Alsterchaussee**
5. 10. 1923	*eingestellt*
15. 2. 1927	**Rothenburgsort – Barmbek** (Drosselstraße)
15. 11. 1942	bis Neuer Schützenhof
Juli 1943	*Linie eingestellt*

16. 9. 1887	Eröffnung der Pferdebahn **Borgfelde – Ottensen**
20. 8. 1896	*Elektrischer Betrieb*
4. 5. 1898	bis St. Pauli-Landungsbrücken
19. 7. 1898	bis Eppendorf (Krankenhaus)
ab Juni 1900	LINIE 22
16. 11. 1900	bis Schlump
19. 10. 1905	bis Bahrenfeld (Markt)
14. 12. 1910	ab Rödingsmarkt
14. 10. 1924	*eingestellt*
26. 5. 1925	**Hbf** – Grindel – **Schnelsen**
15. 7. 1926	ab Hamm (Schurzallee)
16. 10. 1933	**ab Tonndorf**
Juli 1943	*eingestellt*
11. 8. 1943	Teilbetrieb
April 1944	**Tonndorf – Schnelsen**
16. 5. 1945	**Schnelsen – Tonndorf**
1. 8. 1948	**Schnelsen-Rathausmarkt**
5. 5. 1953	*Linie eingestellt*
	NACHTLINIE 22
1. 11. 1950	**Schnelsen – Hoheluftbrücke**
5. 5. 1953	*Linie eingestellt*

13. 12. 1890	Eröffnung der Pferdebahn **Veddel – St. Pauli-Landungsbrücken**
30. 7. 1893	bis Eppendorf (Krankenhaus)
9. 4. 1894	*Elektrischer Betrieb*
17. 8. 1898	bis Alsterchaussee
ab Juni 1900	LINIE 23
	Veddel – Meßberg – St. Pauli-Landungsbrücken – Schlump – **Alsterchaussee**
24. 5. 1902	ab Wilstorf Bis 17. 11. 03
18. 9. 1922	bis Burgstraße Bis 14. 12. 24
9. 9. 1928	bis Schlump
1. 10. 1930	Rothenburgsort (Lindleystraße) – Fähre VII
18. 10. 1937	*eingestellt*
28. 4. 1947	in **Rothenburgsort** (Freihafenstraße – Brückenstraße)
17. 5. 1955	*Linie eingestellt*

2. 11. 1880	Eröffnung der Pferdebahn **Horn – Dornbusch**
13. 4. 1896	*Elektrischer Betrieb*
ab Juni 1900	LINIE 24
30. 5. 1903	**Horn** (Letzter Heller) – Rathausmarkt – Kaiser-Wilhelm-Straße – **Eppendorf** – Groß Borstel
1. 11. 1906	bis Eppendorf (Marktplatz)
29. 5. 1914	ab Schiffbek
1. 1. 1923	ab Hamm (Diagonalstraße)
26. 5. 1925	bis Eppendorf (Krankenhaus)
16. 10. 1934	ab Horn (Rennbahn)
Juli 1943	*Linie eingestellt*

12. 3. 1890	Eröffnung der Pferdebahn **Süderstraße – Baumwall**
15. 6. 1894	bis Dornbusch
24. 5. 1896	*Elektrischer Betrieb*
ab Juni 1900	LINIE 25
10. 6. 1900	**Süderstraße – Bahrenfeld** (Marktplatz)
1. 8. 1903	bis St. Pauli
19. 10. 1905	bis Altona (Friedhöfe)
1. 1. 1913	ab Winterhude (Mühlenkamp)
15. 2. 1918	ab Rödingsmarkt
1. 11. 1926	**Winterhude** (Cäcilienstraße) – **Altona** (Friedhöfe)
1. 11. 1932	ab Hamm (Diagonalstraße)
20. 10. 1936	ab Hammer Kirche
7. 10. 1941	ab Rödingsmarkt
5. 5. 1942	ab Millerntor
Juli 1943	*Linie eingestellt*

14. 6.1881	Eröffnung der Pferdebahn **Ring**
5. 3.1894	*Elektrischer Betrieb*
ab Juni 1900	LINIE 26
	Ringbahn Innenstadt
21. 9.1939	**St. Pauli** (Fähre VII) – Hbf – **St. Pauli** (Hamburger Berg)
27.10.1942	*Linie eingestellt*

31. 5.1882	Eröffnung der Pferdebahn **Altonaer Ring**
11.12.1898	*Elektrischer Betrieb*
ab Juni 1900	LINIE 27
	Altonaer Ring (Hbf – Palmaille – Schulterblatt – Allee)
19.10.1905	**Altona** (Ottensener Kirche) – **Schlump**
15.12.1924	**Altona** (Neues Rathaus) – Schlump – Mittelweg – Mundsburg – **Hamm** (Diagonalstraße)
15. 7.1926	bis Schurzallee
20.10.1936	bis Diagonalstraße
Juli 1943	*eingestellt*
1. 2.1944	**Altona** (Bahnhof) – **Alsterchaussee**
28. 2.1944	ab Hochrad
16. 5.1945	**Bf Altona – Hochrad**
20. 6.1945	**Alsterchaussee – Hochrad**
1. 2.1948	**Alsterchausse-Bleickenallee**
1.10.1950	**Alsterchaussee – Hohenzollernring**
17. 5.1955	**Alsterchaussee – Altona** (Rathaus)
30.10.1956	*Linie eingestellt*

24. 7.1880	Eröffnung der Pferdebahn **Pferdemarkt – Ohlsdorf**
1.12.1883	ab Rathausmarkt
28. 3.1896	*Elektrischer Betrieb*
ab Juni 1900	LINIE 28
19.10.1905	**Rathausmarkt** – Mittelweg – Winterhude – **Ohlsdorf**
20.10.1936	außerdem bis Flughafen
April 1941	ab Billstedt
Juli 1943	*eingestellt*
3. 9.1943	Teilbetrieb
19.10.1943	**Rathausmarkt – Flughafen**
1. 8.1948	*Linie eingestellt*

28. 9.1883	Eröffnung der Pferdebahn **Millerntor – Altona** (Holstenstraße)
1. 4.1888	ab Rödingsmarkt
6. 5.1898	*Elektrischer Betrieb*
15. 2.1900	bis Altona (Friedhöfe)
ab Juni 1900	LINIE 29
	Rödingsmarkt – Holstenstraße – **Altona** (Friedhof)
19.10.1905	**Altonaer Ring** über Hbf – Palmaille – Kleine Freiheit – Schulterblatt – Allee – Hauptbahnhof
15.10.1935	**Christuskirche** – Altona – **Juliusstraße**
10. 5.1938	ab Eimsbüttel (Marktplatz)
10.1939	bis Altona (Rathausmarkt)
Juli 1943	*Linie eingestellt*

9. 2.1898	*Elektrischer Betrieb*
ab Juni 1900	LINIE 30
	Altona (Hafenstraße) – Holstenstraße – **Christuskirche**
15.10.1935	*eingestellt*
10. 5.1938	**Altona** (Hafenstraße) – Kieler Straße – **Langenfelde**
Juli 1943	*eingestellt*
9.12.1946	**Ottensen** (Tresckowallee) – **Langenfelde**
1. 2.1948	ab Hochrad
1.11.1950	ab Altona (Bahnhof)
4. 5.1957	*Linie eingestellt*

22. 7.1898	*Elektrischer Betrieb* **Bahrenfeld** (Marktplatz) – **Rödingsmarkt**
10. 6.1900	*eingestellt*
ab 1.8.1903	LINIE 31
	Bahrenfeld (Marktplatz) – **Rödingsmarkt**
1. 1.1923	**Bahrenfeld** (Marktplatz) – **Berliner Tor**
1. 3.1923	ab Bahrenfeld (Rennbahn)
8. 9.1925	ab Volkspark
15. 9.1927	bis Billstedt
20.10.1936	bis Horn
Sept. 1939	bis Billstedt
Juli 1943	*eingestellt*
28. 8.1943	Teilbetrieb
5. 1.1944	**Volkspark – Billstedt**
18. 1.1946	ab Trabrennbahn
16. 5.1945	**Billstedt – Sievekingplatz**
21.11.1946	**Bahrenfeld** (Trabrennbahn) – **Billstedt**
31.10.1955	*Linie eingestellt*

15. 2.1899 *Elektrischer Betrieb*
Bahrenfeld (Marktplatz) – **Rödingsmarkt**
10. 6.1900 *eingestellt*

ab 1.8.1903 LINIE 32
Bahrenfeld (Marktplatz) – Friedensallee – **Rödingsmarkt**
19.10.1905 *eingestellt*
1. 3.1909 ohne Linien-Nr., später 32
Harburg (Bahnhof) – **Stader Straße** (Moorburger Straße)
14. 4.1927 bis Bostelbek
30. 5.1939 *eingestellt*
13.12.1940 **Harburg** (Bahnhof) – **Sand**
Juli 1943 *Linie eingestellt*

Elektrischer Betrieb
18.11.1903 LINIE 33
Dornbusch – Veddel – Wilhelmsburg – **Wilstorf**
16. 1.1925 ab Hbf
1. 5.1927 ab Sievekingplatz
1. 4.1930 bis Rönneburg
1.11.1932 ab Eidelstedt
Juli 1943 Teilbetrieb
16. 5.1945 **Eidelstedt – Wilhelmsburg** (Landesgrenze)
13. 8.1945 **Eidelstedt – Rönneburg**
8. 4.1946 **Hbf – Rönneburg**
1. 8.1948 **Sievekingplatz – Rönneburg**
1. 5.1951 **Langenfelde – Rönneburg**
5. 5.1953 **Sievekingplatz – Rönneburg**
16. 5.1955 *Linie eingestellt*

Elektrischer Betrieb
28. 9.1907 LINIE 34
Harburg (Bahnhof) – **Heimfelder Straße** – (Lohmannsweg)
1. 4.1912 bis Vahrenwinkelweg
7.12.1945 **Vahrenwinkelweg – Bf Harburg** (im Spätbetrieb bis Rönneburg)
22. 8.1948 **Vahrenwinkelweg – Bf Harburg**
5. 5.1953 *Linie eingestellt*

Elektrischer Betrieb
1.10.1909 LINIE 35
Winterhude (Langer Zug) – Mundsburg – Berliner Tor – **Veddel**
18.12.1909 bis Freihafen
16.12.1919 ab Goldbekplatz
Juli 1943 *eingestellt*
9. 8.1943 Teilbetrieb
20.12.1943 **Goldbekplatz – Freihafen**
16. 5.1945 **Goldbekplatz – Wilhelmsburg**
13. 9.1945 **Goldbekplatz – Freihafen** (Zoll)
19. 9.1949 **Goldbekplatz – Feihafen** (Klütjenfelder Straße) (ab 1950 auch bis Mengestraße)
4. 5.1954 *Linie eingestellt*

Elektrischer Betrieb
27. 4.1914 LINIE 36
Rothenburgsort – Lombardsbrücke – **Eimsbüttel** (Marktplatz)
14.10.1922 bis Langenfelde
16.10.1923 bis Eidelstedt
1.11.1932 *Linie eingestellt*

Elektrischer Betrieb
14.12.1910 LINIE 37
Hamm (Diagonalstraße) – **St. Pauli** (Fischmarkt)
5.12.1916 bis Rathausmarkt
1. 1.1923 bis Fischersallee
26. 5.1925 bis Altona (Bahnhof)
2. 5.1927 ab Rothenburgsort
1.11.1927 *Linie eingestellt*

Elektrischer Betrieb
20. 8.1912 LINIE 38
Hammer Park – Langenfelde
17. 5.1920 bis Gänsemarkt
1. 1.1923 **Berliner Tor – Fischersallee**
15. 8.1923 *eingestellt*
10. 7.1926 **Harburg** (Bahnhof) – **Bremer Straße** (Neuer Friedhof)
3. 6.1930 bis Appelbüttel
23.12.1945 **Appelbüttel – Bf Harburg**
22. 8.1948 im Spätverkehr auch bis Rönneburg
5. 5.1953 *Linie eingestellt*

Elektrischer Betrieb
21.12.1913 LINIE 39
Altona (Hafenstraße) – Kieler Straße – **Eidelstedt**
10. 5.1938 Linie 30

Elektrischer Betrieb
21.12.1913 LINIE 40
Ottensen (Kirche) – **Langenfelde**
3.12.1916 *eingestellt*
1. 1.1923 **Berliner Tor – Altona** (Hohenesch)
14.10.1924 **Hammer Park – Bahrenfeld** (Marktplatz)

15. 9.1927	bis Bahrenfeld (Rennbahn)
1.11.1932	ab Rothenburgsort
15.10.1933	Linie 12

	Elektrischer Betrieb
5. 5.1953	LINIE 42
	Harburg (Bahnhof) – **Heimfeld**
30. 9.1957	*Linie eingestellt*

	Elektrischer Betrieb
5. 5.1953	LINIE 44
	Harburg (Bahnhof) – **Appelbüttel**
29. 8.1954	*Linie eingestellt*

Weitere Daten

	Elektrischer Betrieb
6. 4.1927	TR
	Farmsen – Bramfelder Straße
7.11.1928	Linie 8

	Elektrischer Betrieb
1. 2.1909	T
	Stellingen – Rathausmarkt
1. 4.1911	Linie 16

	Elektrischer Betrieb
18. 5.1928	FL
	Flughafen – Alsterdorfer Straße
16.10.1933	Linie 20
18.12.1869	Eröffnung der Pferdebahn **Wandsbek** (Marktplatz) – **Groß Jüthorn**
27.12.1922	*Linie eingestellt*

28. 4.1893	Eröffnung der Pferdebahn **Altona – Othmarschen**
28. 5.1908	Linie 4

1.11.1891	Eröffnung der Pferdebahn **Grindelring** über Rathausmarkt – Rothenbaumchaussee – Isestraße – Grindel – Rathausmarkt
1.11.1894	*Elektrischer Betrieb*
3. 9.1900	Linien 1 und 17

29. 9.1881	Eröffnung der Pferdebahn **Adolphsplatz – Langenfelde**
16.11.1892	siehe Linie 12

3.10.1891	Eröffnung der Pferdebahn **St. Pauli – Schlump**
5.11.1892	ab Veddel
30. 7.1893	bis Eppendorf (siehe Linie 23)

Quellenverzeichnis

Staatsarchiv Hamburg
Acta, betr. die Anlage und Concessionierung von Pferdeeisenbahnen auf hamburgischem Gebiet (auch Dampf- und elektrische Straßenbahnen)
Acta, betr. die Hoch- und Straßenbahn – Generalia – (1918–1928/29)

Senatsaktenkatalog
Auswirkungen des Groß-Hamburg-Gesetzes auf die Versorgungs- und Verkehrsverhältnisse, 1937

Akte H II 3a, b, c:	Straßen- und Hochbahnangelegenheiten (1922–1929)
Akte T II 5:	Straßenbahnen 1934–1938
Akte XXI C 4:	Straßenbahnen 1939–1945
Akte U IV a:	Straßenbahn u. ä. 1945–1949
Akte 745-15:	Hamburger Hochbahn AG, Verschiedenes (1950–1965)
Akte R II 1g:	Hamburger Hochbahn AG, Straßenbahnen (1930–1933)
Akte 374-9, E1:	Straßenbahnen 1897–1912
Akte 374-12:	Weiterer Ausbau des Straßenbahnnetzes 1919–1921

Hamburger Hochbahn Aktiengesellschaft
Geschäftsberichte Hamburg-Altonaer Centralbahn-Gesellschaft 1896 + 1912
Geschäftsberichte Hamburg-Altonaer Pferdebahn-Gesellschaft 1881 + 1882
Jahresberichte Straßen-Eisenbahn-Gesellschaft in Hamburg 1894–1918
Geschäftsbericht Hamburgische Electricitätswerke 1896
Geschäftsberichte Hamburger Hochbahn Aktiengesellschaft 1938, 1946–1977
Besprechungsnotizen des HHA-Vorstands vom 6. 8. 1943 – 24. 1. 1945

Schrifttumverzeichnis

Bartels, Karl: Gedanken eines Straßenbahners (Manuskript)
Hansestadt Hamburg – das Tor zur Welt, Broschek 1938
Hamburger Verkehrsnachrichten – Mitteilungsblatt des gemeinnützigen »Verein Verkehrsamateure und Museumsbahn e. V.« (VVM), Jg. 1961–1978
Heyden, Rolf: Die Entwicklung des öffentlichen Verkehrs in Hamburg, Hamburg 1962
Hamburger Omnibusse und Pferdebahnen 1839–1890, Hamburg 1947
Leitlinien für den Nahverkehr in Hamburg, Behörde für Wirtschaft und Verkehr, Hamburg 1970

Melhop: Historische Topographie der Freien und Hansestadt Hamburg von 1895–1920
Mitteilungen des Senats an die Bürgerschaft, Drucksache 8/2300 (betr. Stillegung der Straßenbahn)
Pampel, Fritz: Der Hamburger Verkehrsverbund als Beispiel für die Koordination und Integration im öffentlichen Personennahverkehr, Hamburg 1969
Schultz, O. W. O.: Wagenbauanstalt Falkenried, 1976
Stein, Wilhelm: Geschichte der Hamburger Hochbahn Aktiengesellschaft von 1911–1948 (und daraus ausgearbeitet: Eine Fahrt durch sechs Jahrzehnte mit der elektrischen Straßenbahn, brosch.)
Untersuchung zur Lage der Straßenbahn in Hamburg, HVV 1975

Bildnachweis

Wenn nicht anders gezeichnet, stammen die Bilder aus folgenden Instituten oder Privatsammlungen:
[1] Museum für Hamburgische Geschichte
[2] Staatsarchiv Hamburg
[3] Archiv der Hamburger Hochbahn Aktiengesellschaft
[4] Conti-Press GmbH, Hamburg
[5] Studio Schmidt-Luchs, Hamburg
[6] Käthe Hamann Fotoarchiv, Hamburg
[7] Foto-Archiv Lachmund, Hamburg
[8] Sammlung des Verfassers
[9] Hans Mecklenburg, Hamburg
[10] Franz Unterlauf, Hamburg (auch Unterlagen für die Straßenbahn-Dachzeichen)

Nachtbetrieb (1 bis 4 Uhr stündlich)

2 Schnelsen-Hoheluftbrücke (weiter mit 18)

3 Eidelstedt-Langenfelde-Stephansplatz-Rathausmarkt-Hauptbahnhof-Wandsbek-Tonndorf

6 Ottensen-Bf. Altona-St. Pauli-Rathausmarkt-Hauptbahnhof-Barmbek-Ohlsdorf

12 Bahrenfeld (Trabrennbahn)-St. Pauli-Stephansplatz-Hauptbahnhof-Horn-Billstedt

13 Hauptbahnhof-Veddel-Wilhelmsburg-Harburg-Rönneburg

18 Nachtring (Alsterring über St. Pauli): Winterhude-Eppendorf-Hoheluft-Eimsbüttel-St. Pauli-Rathausmarkt-Hauptbahnhof-Uhlenhorst-Winterhude

HHA-Verkehrsnetz 1955

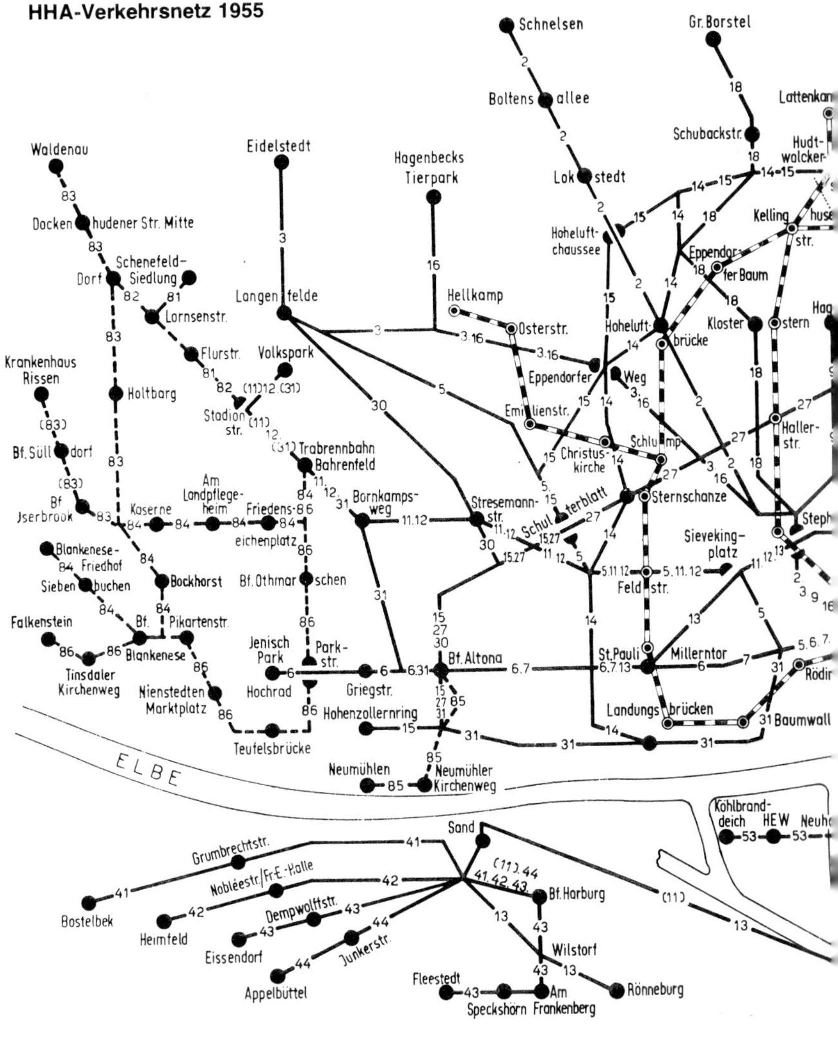